获得复旦大学第12批"研究生创新基金项目之优秀博士学位论文培育项目"（批准号：FD12680045）以及兰州大学"中央高校基本科研业务费专项资金自由探索项目"（批准号：13LZUJBWZY053）的资助

标准与国际贸易

——理论与中国的经验证据

杨丽娟◎著

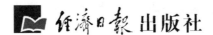

经济日报 出版社

图书在版编目（CIP）数据

标准与国际贸易：理论与中国的经验证据／杨丽娟
著 . —北京：经济日报出版社，2019.5
ISBN 978 - 7 - 5196 - 0544 - 5

Ⅰ.①标…　Ⅱ.①杨…　Ⅲ.①国际贸易—研究—中国
Ⅳ.①F752

中国版本图书馆 CIP 数据核字（2019）第 092900 号

标准与国际贸易：理论与中国的经验证据

作　　者	杨丽娟
责任编辑	门　睿
出版发行	经济日报出版社
地　　址	北京市西城区白纸坊东街 2 号（邮政编码：100054）
电　　话	010 - 63567689（编辑部）　63538621（发行部）
网　　址	www. edpbook. com. cn
E - mail	edpbook@ 126. com
经　　销	全国新华书店
印　　刷	天津雅泽印刷有限公司
开　　本	710×1000mm　1/16
印　　张	12
字　　数	200 千字
版　　次	2019 年 6 月第一版
印　　次	2019 年 6 月第一次印刷
书　　号	ISBN 978 - 7 - 5196 - 0544 - 5
定　　价	50.00 元

目　　录

第 1 章　导论（1）

1.1　选题背景与研究意义（1）

1.2　研究对象与研究方法（4）

1.3　技术路线与本书框架（5）

1.4　本书创新点及存在的不足（6）

第 2 章　标准贸易效应的研究回顾（8）

2.1　标准影响对外贸易的作用机制（8）

2.2　经验研究回顾（12）

2.3　微观视角：网络产业的标准竞争与标准化策略（30）

第 3 章　宏观层面：基于贸易总额的实证（40）

3.1　国家标准、国际标准对中国进出口贸易的影响（40）

3.2　标准对中国出口增长的影响（50）

3.3　标准对中国对外贸易的影响（58）

第 4 章　中观层面：基于标准类别和部门差异的实证（74）

4.1　ICS 产业部门中各类标准的贸易效应（74）

4.2　标准与电子产品出口：来自中国的经验证据（100）

第 5 章 微观层面：基于贸易企业行为的实证（117）

5.1 兼容性标准与数字产品贸易：理论框架（117）

5.2 一致标准、异质企业与中国出口增长的二元边际（136）

第 6 章 案例分析：国际标准化中的政府角色与后发者策略（155）

6.1 引言（155）

6.2 韩国国际标准化中的市场机制（157）

第 7 章 结语（163）

7.1 主要研究结论（163）

7.2 研究结论对于中国的政策启示（165）

7.3 研究动态及进一步研究思路（166）

参考文献（167）

后　记（181）

图表索引

图 1 - 1　本书框架结构安排（6）

表 2 - 1　国家标准、国际标准贸易效应的经验证据（17）

表 2 - 2　关于 ISO 9000 国际标准体系的贸易效应（21）

表 2 - 3　区域协定中管制和标准的贸易效应（27）

表 3 - 1　国家标准、国际标准与贸易额（1978—2010）单位：项、%、亿元人民币（41）

图 3 - 1　国家标准、国际标准增长趋势（1978—2010）单位：项、%（42）

图 3 - 2　中国进出口贸易总额、出口额与进口额　单位：亿元人民币（43）

表 3 - 2　变量的平稳性检验（44）

表 3 - 3　协整关系检验（45）

表 3 - 4　相关变量的协整方程（46）

表 3 - 5　变量的误差修正模型（47）

表 3 - 6　变量的平稳性检验（51）

表 3 - 7　变量的 Johnhansen 协整检验（51）

表 3 - 8　变量的 Granger 因果检验（52）

表 3 - 9　标准影响出口增长的 OLS 回归结果（53）

表 3 - 10　变量之间的相关系数和条件指数（54）

图 3 - 3　标准影响出口增长的岭迹图（55）

表 3 - 11　标准影响出口增长的岭回归结果（$k = 0.07$）（55）

表 3 - 12　方程的结构稳定性检验（$\delta = 2001, k = 0.08$）（57）

表 3 - 13　国际标准分类（ICS）与标准国际贸易分类（SITC2）的编码对应表（60）

图 3 - 4　中国标准量（1989—2010）单位：项（62）

图 3 - 5　基于 ICS 分类的中国标准量（2010）单位：项（63）

表 3 - 14　变量的描述性统计（中国对外贸易）（66）

表 3 - 15　标准对于中国出口的贸易效应的面板估计

（被解释变量：WEX_{it}）（66）

表 3 - 16　标准对于中国进口的贸易效应的面板估计

（被解释变量：WIM_{it}）（68）

表 3 - 17　变量的描述性统计（中美双边贸易）（70）

表 3 - 18　标准对于中美双边贸易的影响（被解释变量：BEX_{it}、BIM_{it}、BEX_{it} -

BIM_{it}）（71）

表 4 - 1　国际标准分类与标准国际贸易分类对应的 33 个部门（78）

表 4 - 2　各 ICS 部门中国家标准、国际标准的构成（2010）

单位：项、%（79）

图 4 - 1　国家标准、国际标准与国际标准占比变动趋势（1990—2010）（82）

表 4 - 3　国家标准构成（2010）单位：项（84）

图 4 - 2　产品、基础、方法和管理等各类标准构成变动趋势

（1990—2010）（86）

表 4 - 4　变量的描述性统计（89）

表 4 - 5　国家标准、国际标准与 ICS 领域贸易（1990—2010）（90）

表 4 - 6　各技术领域中国家标准和国际标准的贸易效应检验汇总（93）

表 4 - 7　各领域中各类标准的贸易效应（96）

表 4 - 8　国际分类标准代码与标准国际贸易分类代码之间的对应表（103）

图 4 - 3　电子产品的出口构成　单位:%（104）

图 4 - 4　三类电子产品的标准量（1990—2010）单位：项（105）

表 4 - 9　三类电子产品的标准构成（1990—2010）单位：项（106）

图 4 - 5　三类电子产品的标准构成　单位：项（107）

图 4 - 6　三类电子产品的国际标准化水平　单位:%（108）

表 4 - 10　主要变量的描述性统计（109）

表 4 - 11　标准与电子产品出口总量的回归检验（110）

表 4 - 12　标准与分类电子产品出口的回归检验（112）

表 4－13　稳健性检验（113）

图 5－1　完全竞争条件下本国企业 A 和外国企业 B 的市场份额（122）

图 5－2　不完全竞争条件下本国企业 A 和外国企业 B 的市场份额（125）

表 5－1　编码对应表（ICS 与 SIC4、HS8）（143）

表 5－2　一致标准与中国电子产业出口（1992—2008）（147）

表 5－3　电子产品出口增长的扩展边际（2000—2006）（150）

表 5－4　电子产品出口增长的集约边际（2000—2006）（152）

图 6－1　四种无线网络技术（159）

第1章 导论

1.1 选题背景与研究意义

在过去的30多年里，中国的GDP以超过9%的年均增长速度增长，并在2010年8月超过日本，成为继美国之后的世界第二大经济体。毋庸置疑的是，中国的对外贸易为创造这一经济奇迹做出了贡献。自2001年加入WTO以来，中国对外贸易规模的年均增长速度超过25%，2011年中国贸易总额达36420.6亿美元，规模跃居世界第一，同比增长22.5%。其中出口18986亿美元，同比增长20.3%，进口17434.6亿美元，同比增长近25%。[①] 在竞争日益激烈的国际市场上，一国的竞争优势不再仅仅依赖于劳动力、资本等传统生产要素，还要取决于以技术为核心的综合国力，以及将技术转换为标准提高经济效率和竞争优势的能力。作为国际贸易规则的重要组成部分，标准在保证产品质量、提升市场信任度、维护公平竞争以及促进贸易流动、推动国际贸易发展等方面发挥着不可替代的作用。

为了履行WTO/TBT协定承诺，中国于2001年成立了国家标准化管理委员会（Standardization Administration of the People's Republic of China，SAC），在建设和完善统一的国家标准体系的同时，也积极采用由ISO、IEC以及ITU等国际标准化机构设定的国际标准，经过ISO确认的国际标准以及其他的国外先进标准。截止到2012年10月1日，总共有40399项国家级的标准予以颁布和

---

① 参见中华人民共和国商务部网页，网址：http：//www.mofcom.gov.cn/aarticle/i/jyjl/k/201201/20120107922443.html.

实施，其中的现行标准有 28400 项，废止标准有 11999 项。在现行标准中，强制性标准达到 5251 项，推荐性标准达到 34853 项，标准化指导性文件达到 295 项。在采用国际标准的实践中，共有 6674 项国家标准为"等同于（IDT）"国际标准（包括 703 项强制性标准、5845 项推荐性标准），有 3120 项国家标准"修改采用（MOD）"国际标准（包括 355 项强制性标准、2725 项推荐性标准）。按照标准类别划分，共有 13379 项产品标准、7176 项基础标准、15458 项方法标准、1078 项管理标准、1829 项安全标准、929 项卫生标准、372 项环保标准、178 项其他标准。[①]

标准是国际贸易的基石，也是国际通用的技术语言，在中国对外贸易取得蓬勃发展的背后，中国的标准化体系发挥着强大的支撑作用。标准对贸易的作用长期以来受到政府部门、业界和学界的普遍重视，也是 WTO、世界银行等国际组织开展贸易政策研究的热点和前沿领域之一。国外有关标准影响贸易的研究已经较为成熟，形成了系统的研究框架与明确的研究方向，研究成果普遍为国际组织、政府部门和标准化机构广泛采用。由于研究数据较难获取，数据搜集与整理的工作量大，近两年才有国外学者考察中国标准的贸易效应。在国内，尽管中国标准的战略意义长期以来受到政府部门、学界和业界的普遍关注，但是结合经济学理论的研究成果却非常有限，尚缺乏理论深度和系统的理论阐述，特别是缺乏具有说服力的经验证据，在一些方面仍存在空白。

国家标准对中国对外贸易发展的影响存在与否，作用程度如何？根据 WTO/TBT 协议所做规定：WTO 成员国在制定国家标准时，如果该领域中已经有国际标准的应以国际标准为基础来设定。那么，积极采用各类国际标准是否推动了中国对外贸易的发展？这些影响在多边层面和双边层面上是否存在差异？各类标准对具体产业部门进出口贸易的作用是否有所不同？标准如何影响微观层面的贸易企业行为？因此，本书以"标准与国际贸易：理论与中国的经验证据"为题，力图从一个较为完整和系统的视角来考察中国标准的贸易效应，对上述亟待回答的问题提供有益的信息，为建设和完善中国标准化体系、推动中国对外贸易发展提供重要参考。

这一选题的理论意义在于：首先，为标准影响国际贸易发展的研究提供来

---

① 数据来自国家标准化管理委员会网站国家标准目录查询数据库。

自中国的经验证据，这有助于丰富和完善该领域的理论和实证研究；其次，本书依次从多边贸易、双边贸易、产业贸易和企业国际市场选择行为等四个维度出发，逐步从宏观深入到微观，对研究中国标准的贸易效应搭建了较为完整和系统的内容框架，可以为这一领域的研究者提供参考；再次，本书根据是否与国际标准或国外先进标准具有对应关系将标准区分为国家标准和国际标准；根据标准执行效力不同而将标准划分为强制性标准和自愿性标准；根据标准化对象不同将标准划分为产品标准、基础标准、方法标准、管理标准、安全标准、卫生标准和环保标准，并分别考察了不同分类的标准对于中国进出口贸易的作用，这使得研究结果更加细致，研究结论更具针对性，有助于理论研究的继续深入。最后，本书提供了标准影响贸易企业国际市场选择行为的经验证据，可以对标准的贸易效应提供来自微观层面的解释。同时，本书在建立理论模型时有两点改进：第一，将开放经济条件下涉及兼容性标准的贸易政策分析建立在网络产业组织理论标准竞争的微观基础之上；第二，在异质性企业模型中引入标准的贸易效应，分析等同采用国际标准的国家标准增加对本国出口企业国际市场选择行为的影响。这些尝试也具有一定的理论价值。

从现实意义来看，本书提供的一系列经验证据可以为推进中国标准化事业的改革与发展，积极应对技术性贸易措施（Technical Trade Barriers，TBT），促进中国对外贸易发展提供重要信息。标准化本身具有很强的实践性，而目前已有研究主要集中在发达国家标准对于发达国家贸易表现的影响方面，研究样本涉及发展中国家的也仅是考察发达国家标准对发展中国家贸易的作用，有关发展中国家标准的贸易效应的研究至今非常少见。这一方面归因于发展中国家标准化组织成立时间普遍较晚，发展尚未成熟，相关数据严重缺乏。另一方面则凸显了发达国家和发展中国家在世界标准化发展中所处的悬殊地位。发达国家贡献了绝大部分的国际标准，在国际标准化组织中占据绝对的主导地位，而发展中国家很少参与国际标准的设定过程，来自发展中国家的国际标准寥寥无几。当前，历经经济发展模式的转变与自我发展能力的普遍提升，发展中国家开始以积极的姿态参与国际标准化活动。因此，以发展中国家标准为研究对象考察标准的贸易效应是值得研究的重要课题。作为贸易大国和最大的发展中国家，来自中国的经验证据对于丰富这一领域的理论和实践研究来讲，具有重要的典型性和参考价值。深入推进中国标准化战略的实施，促进中国对外贸易发展，都亟需理论支撑与经验证据。这些是本研究的现实意义。

1.2　研究对象与研究方法

本书的研究对象是标准对贸易的作用，研究目标是为标准的贸易效应提供理论分析与来自中国的经验证据。这里的标准是指由国家标准化管理委员会制定的国家一级的正式标准，包括中国自主编写的国家标准（以下简称国家标准），以及在采用国际标准和国外先进标准的基础上制定，与国际标准和国外先进标准具有对应关系的国家标准（以下简称国际标准）。

研究方法主要包括理论论证、经验检验以及案例分析三个方面。在理论论证方法上，本书主要依据国际贸易理论、标准经济学理论、网络产业组织理论、异质性企业理论以及发展经济学理论对标准贸易效应的形成机制与传导路径进行论证，并建立理论模型研究标准对特定产业以及微观层面企业行为的作用。在建立理论模型时，我们一方面基于国际贸易理论和网络产业组织理论，尝试分析涉及兼容性标准的贸易政策如何影响网络产业微观企业的博弈行为；另一方面则借鉴已有研究，将标准的贸易效应引入异质性企业模型之中，建立标准影响异质性企业国际市场选择行为的理论模型。

在经验研究方面，借鉴国内外学者在考察标准的贸易效应时采取的计量分析方法。我们主要基于总需求函数、引力模型以及异质性企业理论等构造实证模型，力图按照宏观（多边贸易、双边贸易）—中观（产业贸易）—微观（企业国际市场选择）的顺序，结合数据为该领域的研究提供来自中国的经验证据。在处理宏观和中观层面的标准与贸易数据时，我们借鉴国外研究分别建立了 2 位数的国际分类标准（International Classification for Standards，ICS）与 3 位数、4 位数的国际贸易标准分类（Standard International Trade Classification，SITC）之间的对应表，划分 33 个产业部门，对有关数据进行合并归类。在进行微观层面的分析时，我们建立了 4 位数的标准产业分类（Standard Industrial Classification，SIC）、5 位数的国际分类标准（ICS）与 8 位数的海关编码（International Convention for Harmonized Commodity Description and Coding System，HS）之间的对应表，利用海关数据库（2000 年—2006 年）、工业企业数据库

（1998 年—2007 年）的微观企业数据分析等同采用国际标准对中国电子产品贸易企业的国际市场选择行为的影响。本书选择了多种计量方法对标准的贸易效应进行考察，并选取合理的工具变量和面板分析方法克服数据间可能存在的内生性。为了保证研究结论的有效性，我们进一步对实证结果提供了稳健性检验。

在案例分析方面，本书主要考察在国际标准化迅猛发展的背景下，中国作为标准的后发国，应该采用怎样的标准化策略。我们比较研究了中国 WAPI 标准与韩国 Binary CDMA 标准的国际标准化路径，重点关注标准化过程中市场机制与非市场机制的作用与有效性，并对国际标准化中的后发者策略进行了总结。

最后，基于理论论证和经验检验的主要结论，并结合案例分析带来的有益启发，我们讨论了本书的相关政策含义。

1.3　技术路线与本书框架

为了实现如上研究目标，我们研究的技术路线确定如下：

第 1 章，即导论部分，主要阐明选题背景与研究意义，确定研究对象和研究方法，对本书框架与技术路线予以说明，并指出本书的创新点及存在的不足。

第 2 章是标准贸易效应的文献回顾，对标准贸易效应测度、争论的理论和实证文献进行充分综述，并着重总结研究思路与模型拓展的传承与创新。

第 3 章在宏观层面展开分析。本书分别从中国对外贸易、中美双边贸易的角度考察中国标准的贸易效应。主要利用总量时序数据和 ICS 分类面板数据，应用误差修正模型、岭回归以及总需求方程等建立计量模型，研究标准对中国进出口贸易的影响。

第 4 章进入中观层面的分析。我们依据 ICS 分类方法划分 33 个产业部门，利用截面数据总结中国标准体系的结构性特征，并基于面板数据重点研究不同产业部门中各类标准的贸易效应的差异，特别是开放条件下兼容性标准对网络产业发展的影响以及不同标准对各类电子产品出口贸易的作用。

第 5 章深入到微观层面。本书基于异质性企业理论框架，利用中国电子产品贸易企业的微观数据，实证度量了一致标准，即等同采用国际标准的国家标准对异质性企业国际市场选择行为的影响。

第 6 章是案例分析。本书比较研究了中国 WAPI 标准和韩国 Binary CDMA 标准的国际标准化案例，提出中国国际标准化进程中的后发者策略。

第 7 章是本书的结语。在总结全文的基础上，说明研究的不足之处以及进一步研究的方向，基于主要研究结论讨论有关政策含义。

图 1-1 给出了本书的主体框架。

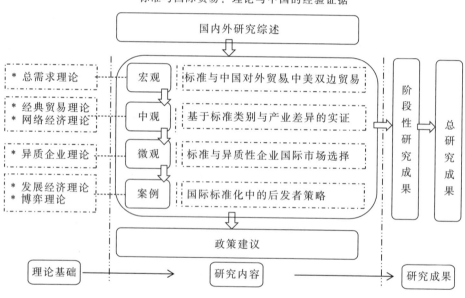

图 1-1 本书框架结构安排

1.4 本书创新点及存在的不足

本书的创新包括理论和实证两个方面。理论模型的创新主要体现在：（1）将兼容性标准贸易政策的分析建立在网络产业组织理论的微观基础之上，在开放经济条件下引入转换技术由企业谈判内生提供的假设，重点阐述兼容性标准贸易政策的形成机制，以及在相关贸易政策约束下竞争企业有关转换技术的谈判博弈的均衡特征，并基于福利评价讨论有关兼容性标准和转换技术的贸易政策与公共政策含义。（2）以异质企业贸易理论为基础，将标准的贸易效应纳入模型，分析发展中国家积极采用国际标准对本国贸易企业国际市场选择行为的影响。

实证方面的创新主要体现在：（1）考察了强制性国家标准、自愿性国家标准、强制性国际标准、自愿性国际标准对中国对外贸易、中美双边贸易的影响；（2）基于国际分类标准（ICS）划分产业部门，利用截面数据阐明中国标准化体系的重要结构性特征，应用面板数据分析在不同产业领域中各类别标准的贸易效应的差异；（3）考察不同标准对中国各类电子产品出口贸易的影响，并通过分析标准对出口增长二元边际的作用为标准的贸易效应提供微观层面的解释。

本书的研究是对中国标准贸易效应的探索与尝试，在理论和实证上依然存在着一些问题。理论扩展方面的局限在于：没有能够对已有理论做出实质性的延伸和扩展，只是对已有研究的一些融合以及加入一些假设，借鉴国外研究来分析中国问题。实证上有待改进之处在于，由于数据的可获得性受到很大的限制，本书的研究只是针对中国标准展开，如果能够获得其他主要贸易伙伴国的国家标准数据，并与中国标准的贸易效应进行对比，研究结论的可信性与说服力会得到较大提升。此外，由于目前还无法获取有关兼容性标准的相关数据，在微观层面仅对兼容性标准的贸易效应进行了理论分析，没有进一步提供经验证据。

第 2 章 标准贸易效应的研究回顾

2.1 标准影响对外贸易的作用机制

2.1.1 严格标准、质量信号与竞争优势

标准存在的历史悠久。通过向消费者传递关于商品质量的信号，标准能够降低经济交往活动中存在的不确定性。这是人们对于标准的一般理解，也是较早形成的考察标准影响对外贸易发展的一种研究思路。Akerlof（1970）有关"柠檬"市场的研究认为，买者和卖者之间的信息不对称会导致逆向选择以及严重的市场失灵，非正式的、非书面的保证是交易和生产存在的先决条件。在商业活动中，标准是双方达成合同契约的基础。Leland（1979）进一步指出，"柠檬"市场上有关产品质量的信息是不完全和不对称的，这些因素会导致市场失灵以及产品平均质量的下降。严格的最小质量标准（minimum quality constraints）或"许可规定"（"licensing requirements"）有助于克服这些问题。

Hudson 和 Jones（2003）将以上思想应用到国际贸易领域，认为标准可以作为贸易中的重要质量信号，有助于提高那些能够符合严格标准的企业的竞争力。他们发现国家标准对于贸易的影响力度要超过国际标准，而积极采用国际标准对于发展中国家开展对外贸易同样具有重要的促进作用。在新产品进入市场时，有影响力的大品牌会为企业带来竞争优势，因为品牌发出的质量信号会对消费者的购买决策产生影响。以"原产国（country of origin）"标签为例，消费者会倾向于把产品质量与生产国的人均收入水平联系起来，通常会认为高

收入国家的产品质量也会更高。在这种现实背景下，来自发展中国家的、数量众多的中小企业在开拓国外市场时必然面临极大的挑战。针对这一困境，Hudson 和 Jones 认为，虽然采用 ISO 等国际标准无法彻底消除国际贸易中的信息不对称，但仍然是发展中国家数量众多的中小企业在参与国际市场竞争中值得采用的有效方式。

2.1.2　标准、遵循成本与技术性贸易壁垒

为了遵循标准，企业通常需要对产品特征、性能规格等做出修改，如果遵循标准的成本过高或是带有歧视性，将会对企业进入市场与开展贸易设置障碍。Barrett（1994），Fisher 和 Serra（2000）的研究发现，严格的环境标准和规则会抑制贸易与市场竞争。Klimenko（2007，2009a，2009b）认为，一国对具有网络外部性的产业实施包含兼容性标准的贸易政策通常具有合理的理由支持，但是如果兼容性标准设定过于严格，就会产生贸易抑制效应，并以技术性贸易壁垒（Technical Barriers to Trade，TBT）的形式出现。以信息和通讯产业（ICT）为例，为了维护国内数字信息和通讯技术网络以及基础设施的完整性，无线通讯和广播服务设备通常都会受到严格的限制，因为它们必须与已经在国内市场许可和部署的网络设施、频谱分析、干扰抑制和数字安全标准保持兼容。Klimenko 因此提议，涉及这些产业的贸易协定不仅要就市场准入达成一致，而且要经协商确定产品间的兼容性程度。

2.1.3　标准、创新与竞争优势

Amable 和 Verspagen（1995），以及 Verspagen 和 Wakelin（1997）都认为，各国在世界市场上所占的份额并不仅仅是价格竞争的结果，更多地取决于质量和服务的竞争。Antonelli（1994）、Matutes 和 Regibeau（1996）认为，标准具有公共品性质，由国际标准化组织发布并实施的标准，原则上可以被各国的生产者所使用。但是否采用国际标准，采用的国际标准是否被有效地使用，在很大程度上取决于一国对于技术知识的吸收能力。所以，标准，特别是国家标准，可以作为衡量一国创新和竞争能力的重要指标。从这一角度来看，国家标准的贸易效应要大于国际标准，因为国家标准向外国竞争者提供了更多关于本国市场的重要信息。但是，如果标准仅代表了本国消费者的偏好，而各国之间

消费者的偏好存在较大差异时，国家标准的贸易促进效应可能会被来自需求方的贸易摩擦所抵消。

2.1.4 兼容性标准[①]、网络外部性与网络产业[②]贸易

对于具有网络特征、技术发展层出不穷的产业而言，兼容性标准保证了能否获得来自网络外部性的正反馈，因此显得格外重要。尽管有关技术标准的兼容性很早就成为网络产业组织理论的主要研究内容之一，但网络产业组织理论通常仅限于分析封闭经济中的标准竞争与标准化策略，长期以来都没有将相关的研究拓展到开放经济。当前，网络产业与当代经济生活已经密不可分，许多重要的网络产业都是跨越国界的。Sykes（1995）较早提出，国际贸易中的标准化政策一方面可以收获来自网络外部性的收益，另一方面则会增加外国生产者的成本，在这两者之间需要权衡。Gandal（2000）从产业组织理论的角度对兼容性标准与国际贸易流动之间的关系进行了分析，认为在将网络产业组织理论中有关标准竞争和标准化策略的研究进一步扩展至开放经济时，有非常重要的两点需要考虑。第一，在开放经济背景下，外国企业的利润不计入本国福利。第二，国家标准的彼此一致，也就是国与国之间的标准合作可能会带来收益。

来自网络外部性的正反馈可以增加消费方的收益，但若要求外国企业遵循本国的标准又会增加外国生产者的成本。那么，在具有网络外部性和转换成本的国际市场上，一国政府承认外国标准的动机是怎样的？Gandal 和 Shy（2001）讨论了在产品和标准具有水平差异时，政府如何策略性地实施标准化政策，以及这些政策的福利评价。他们建立了三国水平差异化模型（3 个国家—1 种产业—3 种产品），每一个国家分别生产三种具有水平差异的产品中的一种，然后结合网络产业组织理论和产业内贸易理论并使用阶段博弈的分析框架描述了具体过程。在第一阶段，一国政府决定是否承认外国标准；在第二阶段，各国企业设定能够最大化自己利润的价格，消费者则做出自己的产品购买

[①] David 和 Greenstein（1990）提供了一个关于兼容性标准经济学的综述。

[②] 有关网络产业经济学的文献综述可以参见 Economides（1996），Shy（2011）和黄纯纯（2011）有关文章。

决策。研究结果显示，当转换成本相对于网络效应较大的时候，两个国家形成认可彼此标准，但是不认可第三国标准的标准化联盟可以增加它们的福利。当网络效应相对于转换成本较大的时候，所有的国家都会选择承认所有的标准，换言之，这时各国没有动机去形成排他性的标准化联盟。Gandal 和 Shy 的另一个主要发现是，网络效应处于支配地位时的国际贸易量要大于转换成本占据支配地位时的情形。

Blind（2004）从产业内贸易的视角出发，认为采用国际标准有利于促进差异化产品的专业化生产，实现规模经济并极大地促进产业内贸易，但进一步分析还需要区分兼容性标准和品种简化标准在贸易效应上存在的差异。国际层面的兼容性标准可以促进对外贸易的主要原因在于，产品之间保持兼容会产生规模经济进而带动产业内贸易的繁荣。品种简化标准①能够通过减少产品或技术的种类形成规模经济，也具有贸易促进效应。但另一方面，品种简化标准显然降低了建立在产业内贸易对大量产品品种需求基础之上的产品的多样性，对产业内贸易具有一定的负面影响。Blind 由此认为，品种简化标准究竟发挥了怎样的贸易效应并不清晰，需要具有说服力的经验证据提供支持。

Klimenko（2007，2009a，2009b）对网络产业中有关兼容性标准的贸易政策进行研究，并发现：如果受到 WTO 等国际公约有关国民待遇、最惠国待遇等非歧视原则的限制，参与贸易的两国政府仅能策略性地使用有关兼容性标准的贸易政策工具而不是关税、配额等传统的贸易政策手段，那么在国际双头垄断市场上非合作博弈的结果将取决于网络外部性的强度。如果网络外部性非常显著，外国政府征收的税收低于能够最大化贸易双方联合收益的最优水平，因此本国市场外国企业的市场份额会超过社会均衡水平。若网络外部性较小，外国政府的税收会高于最大化贸易双方收益的最优水平，外国产品与本国产品的兼容性程度较低，双方的贸易量随之大幅减少。Klimenko 进一步发现，贸易国单边的最优兼容性标准通常是过于严格的，因此并不能最大化进口国和出口国的联合福利。在上述情况下，市场均是无效率的。因此，Klimenko 认为，无论福利在各国之间如何转移，贸易国之间达成互换协定在本国市场上遵循贸易限制最小原则是必要的，但对于设定恰当的兼容性水平、确保贸易在全球范围内

---

① 例如纸张的格式标准系列等。

实现有效配置资源而言仍然是不充分的。尽管这类协定允许外国企业进入本国市场，但是它们并没有对出口国的兼容性政策做出约束。为了提高经济全球化的效率，WTO 框架下的有关互换协定不仅需要就市场准入达成一致，还需要规定在各自市场上竞争产品的兼容性水平。只有兼顾这两方面内容的协定才能保证贸易双方将他们对彼此实施兼容性标准贸易政策的成本内部化。

2.2 经验研究回顾

2.2.1 国家标准、国际标准的贸易效应

由于相关数据的缺乏，有关标准的贸易效应的实证研究在 2000 年之前并不多见，较早的贡献来自 Swann，Temple 和 Shurmer（1996）。[①] Swann 等根据 Perinorm 数据库中英国标准学会（BSI）的标准量考察了标准对英国对外贸易的影响。他们在对标准数据进行分类时采用的方法是，如果一项 BSI 标准在 Perinorm 数据库中被归类为"identical to"或"equivalent to"一项欧洲标准或国际标准，那么就视其为国际标准，否则就是国家标准。在区分了国家标准和国际标准之后，Swann，Temple 和 Shurmer 基于理论论证提出了四个有关标准贸易效应的假说，并进一步检验其中哪些假说能够获得实证的支持。这些假说分别是：（1）标准是竞争优势的来源；（2）标准是竞争劣势的来源；（3）标准有利于促进贸易；（4）标准对贸易形成了障碍。研究结果发现，国家标准对于英国的进出口贸易都具有正面并且显著的促进作用，国际标准对于英国的出口也具有正面促进作用，但是并没有那么显著，对于英国进口的影响几乎可以忽略。整体而言，这些实证结果最支持假说（3），标准促进了贸易的发展，具有贸易创造效应。

Swann 等在这一领域的开拓性研究影响深远，他们对于标准量的统计以及对贸易效应的度量方法也成为后来研究者开展实证分析的主要参考和依据。在 Perinorm 数据库提供的数据支持和 Swann 等发展的研究方法的推动下，关于标

---

① Swann（2010）提供了一个关于标准化经济学的综述。

准的贸易效应的定量研究成果大量涌现，其中非常具有代表性的是 Knut Blind 与其合作者，以及 Moenius 等自 1999 年以来进行的一系列研究。

Blind（2000）考察了德国标准化学会（DIN）的标准量对德国对外贸易的影响。该研究基本沿用了 Swann 等的研究方法，区别和改进之处在于：第一，研究的样本国没有局限在单一国家，而是拓展到多对双边贸易伙伴国，包括德国、奥地利、瑞士、英国、法国、新西兰、美国和日本等 8 个出口国以及德国、奥地利和瑞士等 3 个进口国。第二，研究建立了国际标准分类（ICS）与标准国际贸易分类（SITC）之间的对应表，依照 ICS 分类准则将相关的标准、贸易数据合并归类。Blind 分别对出口国、进口国之间的贸易差额与标准量之间的关系，以及贸易总额与标准量之间的关系建立模型。研究结果显示，贸易额和标准量之间或者存在正向的联系，或者接近于零。在有英国参与的双边贸易中，国家标准比国际标准的贸易效应更加明显。

Blind 和 Jungmittag（2001）在 2000 年研究的基础上采用面板分析方法进一步考察了标准对德国对外贸易、德英双边贸易的作用。研究结果显示：德国的国家标准对进出口贸易产生了负面影响，德国采用的国际标准具有贸易促进作用。这些结论与国家标准易于形成贸易壁垒而国际标准通常支持贸易的观点基本一致。Blind（2001）考察了标准对于具体产业领域贸易的影响，该研究选取计量与检测产品（instruments for measurement and testing）贸易作为研究样本，关注在该领域内标准对瑞士与德国、法国和英国之间双边贸易量的影响。研究结果表明，无论是国家标准还是国际标准都促进了瑞士与其他三国在计量与检测产品领域的双边进出口贸易，国家标准对于贸易的影响力度要弱于国际标准。Blind 和 Jungmittag（2002）还考察了标准对于德国和法国之间的双边贸易的影响，结果显示：无论是德国的国家标准还是德国采用的国际标准，都没有对德国向法国的出口贸易发挥积极的促进作用；但是德国采用的国际标准有利于增加德国来自法国的进口贸易规模。

Moenius（2004）应用引力模型研究了标准对贸易伙伴国之间双边贸易的影响。Moenius 区分了三类标准：A 国的特有标准，指国家 A 中并不等同于（are not equivalent to）国家 B 的标准；B 国的特有标准，指国家 B 中并不等同于国家 A 的标准；A 国和 B 国的共同标准，指国家 A（或 B）等同于国家 B（或 A）的标准。Moenius 使用的数据集较大，包括来自 12 个 OECD 国家 471

个四位数国际贸易标准分类（SITC）产业数据。结果证实三种类型的标准都促进了贸易流动，但在不同的产业部门中标准的贸易效应存在差异。在食品、饮料、原材料和矿物燃料等四个部门中，进口国的特有标准会抑制向该国的进口；但在石油、化学制品、制造业等产业部门中，进口国的特有标准表现出进口促进效应。Moenius 解释认为，国家标准之间的不一致（not harmonized）会给潜在的出口商带来适应成本（adaptation costs），但同时也提供了有关当地市场的重要信息，有助于减少交易成本。在技术含量较低的产业中，适应标准的成本会超过交易成本减少带来的收益；而对于技术水平较高的产业，前者会被后者所抵消，因此进口国特有标准表现出积极的进口促进效应。

在此后的研究中，Moenius（2006a）选取 5 个欧盟成员国的农产品贸易作为研究样本，重点考察了标准对农产品贸易的效应。根据理论推断，他提出了三个理论假说并试图提供检验。这三个假说分别是：（1）一国特有的农产品标准会阻碍贸易；（2）国家之间的一致标准可以促进农产品贸易；（3）在贸易集团内，专有标准和一致标准对于集团的内部成员和非成员而言具有不同的作用。研究结果发现，进口国的特有标准、一致标准都会减少进口，两国的一致标准还会对 A 国向 B 国的出口产生负面影响，但 A 国的特有标准对于 A 国向 B 国的出口则产生了正面的影响。此外，标准对于不同类别农产品贸易的影响程度也存在差异。以上结论表明，假说（1）和（2）对于所有类型的农产品贸易而言并不成立。在 Moenius 的研究中，进口国包括了比利时、法国、德国、荷兰和英国等 5 个欧盟成员国，出口国除此之外还包括其他 9 个 OECD 国家。因此，他还根据出口国是否是欧盟成员国对结果进一步分析并发现：进口国标准（欧盟标准）对于来自其他欧盟成员国的进口具有温和的正面效应，但是对于来自非欧盟成员国的大部分进口贸易而言具有明显的负面效应。在 1991 年前后，一致标准对于来自非欧盟成员进口的影响系数从正值变为负值，影响力度也在减弱。欧盟标准的贸易保护效应则随着时间的推移而逐渐增大。以上研究结论可以归纳为：对于农产品贸易而言，一国的特有标准并不总是阻碍贸易，各国之间的一致标准也并不总是促进贸易。这里起作用的效应可能有两种：第一，一国特有标准的净效应取决于正面的信息效应与负面的成本效应之间的相对大小；第二，各国之间的一致标准可以降低贸易双方的交易成本，但同时又会缩减产品品种进而减少贸易。最后，Moenius 总结认为，在特定的标准化体系内部，标准会以不同的方式对体系内的成员国和体系外的非成员国产生影响。

Moenius（2006b）关注了技术标准对电器产品贸易的作用。他先后采用了两个研究样本，第一部分是来自 159 个国家的样本数据，第二部分是来自 14 个 OECD 国家的贸易数据。Moenius 分别针对两个研究样本考察了特定的技术标准（基本的电流规格标准，如伏特、赫兹和不同的插头类型等）对于电器产品贸易的影响。研究结果显示：一、国家标准与国际标准都会促进电器产品的贸易流动，与一般的制造业产品相比，技术标准的贸易效应对于电器产品来说更加明显；二、一国的特有标准与国家之间的一致标准相比具有更大的贸易效应；三、标准的贸易效应还取决于贸易国的相对大小，小一些的国家从一致标准中受益更多。Moenius 认为，在电器产品贸易领域，一国特有标准与国际标准相比提供了更多有关该国市场条件的具体信息，源自交易成本减少的收益显著高于标准的遵循成本，因此表现出积极的贸易促进效应。

以上大量研究都是基于 Perinorm 数据库，并且都是针对发达国家的标准量和贸易表现展开的。以发展中国家为研究样本，考察发达国家标准对于发展中国家贸易的作用是近年来才开始出现的。Czubala，Shepherd 和 Wilson（2007，2009）首次关注了标准对欧盟 15 国（奥地利、比利时、丹麦、芬兰、法国、德国、希腊、爱尔兰、意大利、卢森堡、荷兰、葡萄牙、西班牙、瑞典和英国）来自 47 个撒哈拉沙漠以南国家的服装和纺织品进口贸易的影响。该研究的方法与 Moenius 类似，不同之处在于他们还按照不同的统计方法将每一种产品类型的欧盟标准区分为两类：与 ISO 标准一致的欧盟标准，与 ISO 标准不一致的欧盟标准。[①] Czubala，Shepherd 和 Wilson 把这两种标准分别定义为国际标准和欧盟标准，并应用引力模型考察了这两类标准的贸易效应。研究结果发现，国际标准和欧盟标准对欧盟 15 国来自 47 个非洲国家的服装和纺织品进口都产生了贸易抑制效应，不过前者的负面影响力度小于后者。

Shepherd（2007）的研究方法与 Czubala，Shepherd 和 Wilson（2007）类似，在模型的设定上略有改动。之前的研究都是关注标准对贸易规模的影响，

---

① Czubala，Shepherd 和 Wilson 在处理数据时发现，1999 年以前，与 ISO 标准一致的欧盟标准所占比重始终呈现出增长态势，自 2000 年开始这一比例开始下降。

比如贸易总量或是双边贸易量，Shepherd 则考察了技术标准与贸易多样性（贸易品种）之间的关系。具体来说，重点考察标准对欧盟 15 国来自 200 个国家的纺织品、服装和鞋类进口的贸易品种的影响。Shepherd 模型中也采用了与 Czubala，Shepherd 和 Wilson 略有不同的标准变量，分别是具体产品领域中欧盟标准量的自然对数，以及与 ISO 标准一致的欧盟标准所占比重。研究结果也集中在两个方面：第一，欧盟标准每增加 10%，进口贸易商品品种的多样性会减少 6%；第二，与 ISO 标准一致的欧盟标准所占比例每增加 10%，来自贸易伙伴国的进口贸易商品品种的多样性会增加 0.2%。虽然这一效应比较小，但具有统计上的显著性，并且对于来自低收入国家的进口而言作用要更大一些。以上研究结果基本支持了以下观点：多种标准的存在会增加企业的标准遵循成本，企业会选择减少贸易品种；国家之间的标准一致有利于减少标准遵循成本，所以对于贸易品种的多样性来说是具有积极作用的。

Reyes（2011）基于新新贸易理论从微观层面研究了标准对异质性企业国际市场选择行为的影响。Reyes 认为，随着自由贸易的发展以及传统关税的消减，国际贸易中非关税壁垒（Non Tarriff Barriers，NTBs）的重要性日益显现。目的市场特有的产品标准会对出口企业施加额外的成本，是非关税壁垒的一种主要表现形式。Reyes 将欧盟电子产品部门的产品标准与国际标准保持一致的举措视为非关税壁垒的消减，由此考察了美国制造业企业对此做出的反应。该研究所需的企业层面的微观数据和相关的欧盟标准数据主要来自美国 Longitudinal Firm Trade Database（LFTTD）数据库和世界银行 EU Electrotechnical Standards Database（EUESDB）数据库。研究结果发现：（1）欧盟标准中与国际一致标准所占比重的增加会促进美国向欧盟的出口，因为更多的美国企业进入了欧洲市场（贸易的扩展边际）；（2）与那些在标准一致之前就已经向欧盟出口的企业相比，这些新出口企业通常规模要小一些，生产率低一些（贸易构成的扩展边际）；（3）标准一致减少了已有出口商的出口量（贸易的集约边际）。Reyes 因此认为，提高目的市场产品标准与国际标准的一致性对于鼓励中小规模企业进入新的出口市场而言是有力的贸易支持政策。

当前，国外针对中国标准的实证研究刚开始出现。Mangelsdorf（2011）首次探讨了技术标准对中欧双边贸易的影响，研究发现中国特有的国家标准不利于欧盟向中国的出口，中国采用的国际标准促进了欧盟向中国的出口。Mangelsdorf，Portugal-Perez 和 Wilson（2012）进一步考察了食品标准对于中国农产品出口的影响，结果发现中国国家标准，特别是强制性的国家标准具有显著的出口促进效应。同时，中国采用的国际标准也具有积极的贸易效应，并且每增加一条国际标准要比增加一条国家标准的边际贡献更大。

以上研究所采用的国外标准数据都是来自 Perinorm 数据库，中国的标准数据来自国家标准委员会国家标准目录查询数据库（SAC）。大部分研究都证实了标准具有贸易效应。其中，贸易创造效应集中体现在制造业部门。对于农业、纺织品和服装领域来说，标准（特别是国家标准）表现出了进口抑制作用。同时，标准不仅会影响贸易规模，也会影响到贸易品种的多样性。这些研究的主要结论报告在表 2 - 1 中。①

表 2 - 1　国家标准、国际标准贸易效应的经验证据

作者	被解释变量	贸易效应	
		国家标准	国际标准
Swann 等（1996）	英国的对外贸易	（+）	（+）
Blind（2000）	双边贸易，9 个 OECD 国家	（+）/（~）	（+）/（~）
Blind（2001）	双边贸易，德国和英国	（-）	（+）
Blind（2001）	双边贸易，仪器测量与测试部门，瑞士、德国、法国和英国	（+）	（+）
Blind（2002）	双边贸易，德国和法国	（~）	（+）
Blind 和 Jungmittag（2005）	德国的对外贸易，德英双边贸易	（+）/（-）	（+）
Moenius（2004）	双边贸易，12 个 OECD 成员国	（+）	（+）
Moenius（2006a）	双边贸易，农产品，12 个 OECD 成员国	（+）/（-）	（+）/（-）
Moenius（2006b）	双边贸易，电子产品，159 个国家以及 14 个 OECD 成员国	（+）	（+）

---

① 此外，Moenius（1999），Reyes（2010）的博士学位论文均对标准与国际贸易之间的关系进行了研究。

续表

作者	被解释变量	贸易效应	
		国家标准	国际标准
Czubala 等 (2007，2009)	双边贸易，纺织品和服装，欧盟15国来自47个撒哈拉以南非洲国家的进口	（－）	（＋）
Shepherd（2007）	双边贸易，纺织品、服装和鞋类的贸易品种，欧盟15国来自200个国家的进口	（－）	（＋）
Portugal-Perez 等（2009）	双边贸易，电子产品，欧盟15国的进口	（＋）／（－）	（＋）
Mangelsdorf（2011）	双边贸易，中国和欧盟	（－）	（＋）
Mangelsdorf 等（2012）	双边贸易，农产品，中国7类农产品出口	（＋）	（＋）
Reyes（2011）	双边贸易，电子产品，美国企业向欧盟出口的贸易边际	（－）	（＋）

注：（＋）代表存在正的、且统计上显著的贸易效应，（－）代表存在负的、且统计上显著的贸易效应，（～）代表不存在统计上显著的贸易效应。

2.2.2 关于 ISO 9000 国际标准体系的研究

这一类研究的重点在于考察 ISO 9000 族标准的贸易效应，与上一部分研究相比在变量的选取上存在差异。该领域的研究者并没有使用国家标准或是国际标准的标准量，而是利用 ISO 9000 标准在各国扩散的有关数据来度量标准的贸易效应。ISO 9000 族标准是由国际标准化组织（ISO）质量管理和质量保证技术委员会（ISO/TC 176）制定的关于质量管理和质量保证的国际标准。

Grajek（2005）使用 1995 年—2001 年包括 OECD 国家在内的 101 个国家的双边贸易数据，采用引力模型考察 ISO 9000 标准的贸易效应。研究发现：若使用样本内所有国家的数据进行回归，一国使用 ISO 9000 标准会促进该国的出口贸易，但是减少了该国的进口。如果将 OECD 国家单独作为样本进行回归，一国采用 ISO 9000 标准对于该国的进口和出口贸易都具有显著的促进作用。Grajek 认为这两个回归在标准变量上的系数差异可以用替代效应进行解释。经 ISO 9000 认证的企业更有可能与那些同样经过这一国际标准认证的企业开展贸易活动，而不是那些没有通过 ISO 9000 认证的企业。OECD 国家通常大量使用 ISO 9000 标准，因此，ISO 9000 标准的贸易效应在这些国家中也更为明显。Grajek 基于逻辑论证提出了有关 ISO 9000 标准贸易效应的两个理论假说。第一个理论假说认为 ISO 9000 标准作为国际贸易活动中的"共同语言"可以减少贸易企业之间的信息不对称，从而促进企业之间的贸易。第二个假说认为采用 ISO 9000 标准会提高对方的成本，从而构成国际贸易和市场竞争的进入壁垒。Grajek 提供的实证结果基本上支持了"共同语言"假说。

Clougherty 和 Grajek（2008）认为，ISO 9000 标准发挥着质量信号和共同语言的作用，并且可以为解决贸易争端提供准则，因此不仅有利于贸易，也有助于减少跨国投资的交易成本，从而有利于促进 FDI 流动。他们的研究方法与 Grajek（2005）类似，采用 1995 年—2002 年 OECD 国家来自 52 个国家进口的面板数据进行实证检验，主要考察 ISO 9000 扩散对于发达国家向其他发达国家出口，发展中国家向发达国家出口以及发达国家向发展中国家出口的作用。回归结果显示，ISO 9000 在发达国家的扩散并没有表现出显著的贸易促进效应，在发展中国家的扩散则促进了发展中国家向发达国家的出口。对于 FDI 也表现出同样的效应：ISO 9000 在发达国家的扩散也没有增加 FDI 流动，但 ISO 9000 在发展中国家的扩散增加了从发达国家进入发展中国家的 FDI。

Clougherty 和 Grajek（2012）利用 1995 年—2005 年 91 个国家的 ISO 9000 扩散数据和双边贸易表现，基于引力模型实证检验国际标准与国际贸易的关系。Clougherty 认为 ISO 9000 标准主要通过三条渠道对贸易产生影响：（1）一国采用 ISO 9000 标准有利于在对外贸易交往中传递质量信号，进而产生竞争力提升效应（enhanced-competitiveness effect）；（2）一国采用 ISO 9000 标准同时需要承担一定的信息/遵循成本效应（information/compliance-cost effect）；（3）采用 ISO 9000 标准可以对贸易双方产生共同语言效应（common-language effect）。实证结果为双边贸易中 ISO 9000 标准的质量信号效应和共同语言效应提供了支持，而更多采用 ISO 9000 标准的国家（主要是一些欧洲国家）从标准化中收益最多。同时，信息/遵循成本效应主要体现在那些较少采用 ISO 9000 标准的国家。对于这些国家而言，ISO 9000 标准在一定程度上形成了进入目标市场的贸易壁垒。

Kim 和 Reinert（2009）基于逻辑论证提出了一个理论假说，并进行了实证检验。他们提出的假说是：那些在制度方面能力较强的发展中国家可以更好地遵循发达国家在食品和农产品贸易上实施的严格标准。Kim 和 Reinert 采用了 52 个国家（包括 30 个发展中国家）谷物和谷类制品的贸易数据，以及 49 个国家（包括 25 个发展中国家）坚果和坚果制品的贸易数据，并在引力模型的基础上进行估计。他们主要从四个方面度量一国与标准相关的制度能力，即信息（information），遵循（conformity），执行（enforcement）和国际标准设定（international standard-setting）。在指标的选取方面，该项研究在测算信息能力时选取了三个指标：来自国际电信联盟（ITU）的每千居民中 Internet 用户所占比例，来自联合国开发计划署（UNDP）的教育指数，以及世界银行的世界市场研究中心开展的全球电子政府调查（World Market Research Center Global e-Government Survey）提供的在线服务传输指数；在度量遵循能力时采用了每个国家中通过 ISO 9000 认证的机构所占比例；在度量执行能力时采用了一国拥有的《实施卫生与植物卫生措施协定》/《技术性贸易壁垒协定》（SPS/TBT）信息平台的数量，以及是否有一个政府植物检疫机构（National Plant Protection Organization，NPPO）；在度量国际标准设定能力时采用了在国际标准设定组织中会员身份和参与度的有关数据。研究发现，信息能力和遵循能力对于发展中国家的出口来说具有强烈和显著的正面影响，但是执行和国际标准设定的贸易效应并不清晰。黄曲霉素（Aflatoxin B1）标准对于发展中国家的食品和农产品出口产生了统计上显著的负面影响，在一定程度上信息和遵循能力的提高可以减轻这些负面影响。[1] 这些结论基本证实了前面提出的理论假说。

以上关于 ISO 9000 标准的研究都是以双边贸易模型为基础建立的，并根据一国 ISO 9000 标准的扩散水平作为该国的标准化程度。研究成果基本证实了出口国采用 ISO 9000 标准能够增加出口，OECD 成员国采用 ISO 9000 标准可能会形成对于非 OECD 国家进口的贸易壁垒，但是对于来自其他 OECD 国家

---

[1] Suppan（2012）提供了一个关于国际贸易中纳米涂层农产品（Nano–coated Produce）标准的综述。

的进口则发挥了积极的促进作用。这部分研究的主要内容报告在表 2－2 中。

表 2－2　关于 ISO 9000 国际标准体系的贸易效应

作者	被解释变量	贸易效应及解释
Grajek（2005）	双边贸易，包括 30 个 OECD 国家在内的 101 个国家	一国采用 ISO 9000 标准会增加来自该国的出口，减少向该国的进口；对于 OECD 国家，进口国采用 ISO 9000 标准会增加来自其他 OECD 国家的进口
Clougherty 和 Grajek（2008）	双边贸易，52 个国家	发达国家采用 ISO 9000 并不会促进其贸易，但是发展中国家采用 ISO 9000 会增加其向发达国家的出口
Kim 和 Reinert（2009）	双边贸易，30 个发展中国家和 22 个发达国家	将采用 ISO 9000 视为一种制度能力（institutional capacity），提升制度能力有利于一国克服严格标准形成的贸易壁垒
Clougherty 和 Grajek（2012）	双边贸易，91 个国家	更多采用 ISO 9000 标准的国家从质量信号效应和共同语言效应中受益最多；信息/遵循成本效应主要体现在那些较少采用 ISO 9000 标准的国家

2.2.3　其他类型的管制和标准研究

一份文献关注区域贸易协定中管制和标准的贸易效应，并主要利用国际贸易中的相互认可协定（mutual recognition agreements，MRAs）和一致协定（harmonization agreement）中包含的有关信息来评价管制和标准的国际一致性（international harmonization）对于国际贸易的影响。

Henry de Frahan 和 Vancautereu（2006）基于引力模型考察了 1990 年—2001 年间欧盟管制的一致性对于食品贸易的影响。研究样本包括欧盟内部的 10 个进口国和 14 个出口国，产品涉及欧盟产业分类（NACE）体系中的 10 个食品部门共 1284 种 8 位数的欧盟产业分类商品。他们为技术性贸易措施的一致性建立了一个二值变量。对于每一种产品，如果该产品的双边贸易中使用了一致规则（harmonization rules），该变量取值为1。在以下情形中，该变量设定为零：（1）各国坚持自己的国内管制；（2）国家管制的重要性不被重视；（3）贸易双方遵守一个相互认可协定。研究证实各国管制之间的不一致会带来贸易成本，欧盟管制的一致性对于欧盟内部的食品贸易而言，具有正面的、统计上显著的促进效应。1990年—2001年间，食品管制的一致性使欧盟内部的食品进口贸易量增加了2/3，水果和蔬菜的进口贸易量增加了1/3。此外，由于管制不一致造成的贸易成本在各个食品部门之间也存在较大差异。

Baller（2007）关注技术性贸易措施（TBTs）的区域自由化实践，即一致协定和相互认可协定所具有的贸易效应。该研究在企业异质性的视角下，利用修正后的引力模型，并采用欧盟产业分类体系（NACE）的贸易数据考察了标准对于26个OECD国家和22个非OECD国家之间在电信设备和医疗器械两个部门的贸易效应，其他主要数据来自这些国家间与医疗器械相关的8个相互认可协定、与电信设备相关的14个相互认可协定、22个欧盟一致协定以及19个东南亚国家联盟（ASEAN）的一致协定中提供的重要信息。在核心的解释变量方面，相互认可协定是一个二值变量，如果在某一时期两国之间存在一个相互认可协定，则取值为1，否则为零。一致协定变量也是一个二值变量，如果在某一时期两国之间存在相关的一致协定，则取值为1，否则为零。研究结果显示，相互认可协定对于协定国的出口倾向和贸易规模都有明显的正面促进效应，而一致协定的作用并不清晰：一致性协定变量的系数或者不显著，或者表现出增加了区域以外发达国家的出口，但并没有增加区域以外发展中国家的出口。Baller因此总结认为，与一致协定相比，相互认可协定在促进OECD国家和非OECD国家之间的贸易发展方面是具有更大支持作用的政策工具，并且对新企业出口倾向的影响力度远大于对老企业贸易规模的影响力度。

Chen和Mattoo（2008）基于引力模型，使用相互认可协定与一致协定中有关标准与法规的信息，考察了28个OECD国家和14个非OECD国家之间在产业层面上的相互认可协定与一致协定对其贸易流动中贸易品种（依据SITC产品分类）的影响。相互认可协定变量是一个二值变量，如果两国之间存在相互认可协定，则取值为1，否则为0。Chen和Mattoo还根据相互认可协定中是否包括限制性（restrictive）的原产地规则（rules of origin）又区分了不同的相互认可协定变量。同时，在样本年贸易双方会存在一些可能对某种商品的双边贸易产生妨碍的指令（directive），一致变量就是有关这些指令的一致性协定的数量。研究发现，这类一致协定有助于增加协定参与国之间的贸易，但并不一定会增加协定国与非协定国之间的贸易。一致协定会增加来自非协定国中发达国家的出口，但是减少了来自非协定国家中发展中国家的出口。Chen 和 Mattoo 对此提供的解释如下：区域协定中的一致标准通常要比非协定国中的发展中国家已经执行的标准更加严格，因此一致标准带来的规模经济收益在很大程度上被遵循严格标准的成本所抵消。对于非协定国中的发达国家而言，他们通常已经采用了十分严格的标准，一致标准带来的收益会超过严格标准的遵循成本。Chen 和 Mattoo 还发现，若排除那些包含限制性原产地规则的相互认可协定，贸易伙伴国之间的相互认可协定具有非常显著的贸易促进效应，表现为同时促进了协定国之间的贸易、非协定国中发达国家与协定国之间的贸易，以及非协定国家中发展中国家与协定国之间的贸易。如果相互认可协定包括了限制性的原产地规则，相互认可协定的潜在贸易收益将仅限于参与区域协定的成员国，本质上这是以损失来自其他非协定成员国的贸易利益为代价的，特别是来自广大发展中国家的贸易。

Vancauteren 和 Weiserbs（2011）基于引力模型研究了欧盟技术管制的一致性（harmonization of technical regulations）对于欧盟内部制造业产品双边贸易和国内贸易的影响。在实证部分，Vancauteren 和 Weiserbs 主要利用 1990 年—1998 年欧盟 15 国制造业产品贸易的面板数据。技术管制的数据来自欧盟委员会关于单一市场协定的报告（Dismantling of Barriers of the Single Market Review）（CEC，1998），该报告提供了在依据欧盟产业分类体系（NACE）划分的各产业中，贸易是否受到了技术管制的影响等重要信息，并且列明了欧盟委员会为消除这些技术壁垒、提高一致性所采取的主要措施。经验检验证实了欧盟贸易存在非常稳健的边界效应（border effects），欧盟各国的国内贸易量是欧盟内部双边贸易量的 14 倍，这一边界效应在样本期并未减小。欧盟管制一致性的提升积极促进了欧盟内部制造业产品贸易的快速增长，但并不能对边界效应提供有力解释。

以上研究都是针对相互认可协定和一致协定展开的，Henry de Frahan 和 Vancautereu（2006）以及 Vancauteren 和 Weiserbs（2011）考察了管制对贸易的影响，Baller（2007），Chen 和 Mattoo（2008）与 Chen、Otsuki 和 Wilson

（2008）则涉及到标准与管制的贸易效应。所有的模型都建立在引力模型的基础上，研究证实了对于制造业产品或食品而言，欧盟管制的一致会促进欧盟内部贸易的扩大，并且相互认可协定与一致协定相比具有更加显著的贸易促进效应。

此外，van Beers 和 van den Bergh（1997）基于引力模型，利用 21 个 OECD 国家的数据考察了严格环境管制对于一国进出口贸易的影响。在度量环境管制的严格程度时，他们发展了宽口径和窄口径两种方法。宽口径的方法需要参考 OECD 报告（1985，1993，1994）列出的 7 个特殊的环境指标，包括环境保护区域占国土总面积的比重、无铅汽油所占市场份额、纸制品的再循环利用率等。窄口径的方法与"污染者付费"原则（"polluter pays" principle）紧密联系，即主要考察两个指标：一是在 1980—1991 年间能源密度的变化，二是在 1980 年按照当地每千单位 GDP 中百万石油当量衡量的密度水平。他们认为，在 1980 年具有较高的能源密度，而在 1980—1991 年间能源密度显著减少的国家，环境管制更加严格。在刻画贸易表现时，van Beers 和 van den Bergh 分别度量了双边贸易量、污染密集部门的双边贸易量，以及污染密集部门中"无资源基础"（non-resource based）[①] 的双边贸易量。研究结果发现：在采用宽口径的分析方法时，严格的环境管制并没有对出口产生显著的负面影响。窄口径的分析结果的确证实了严格的环境管制会对一国的出口总额产生显著的负面影响，特别是显著减少了污染密集部门中不依赖自然资源的那部分出口贸易。在进口方面，无论是双边贸易量还是污染密集部门的双边贸易量，或是污染密集部门中"无资源基础"的双边贸易量，严格环境管制均表现出显著的负面效应。

Wilson，Otsuki 和 Sewadeh（2002）借鉴 Tobey（1990）的研究方法，基于 Heckscher-Ohlin-Vanek（HOV）模型建立计量方程，应用 1994 年—1998 年 6 个 OECD 国家和 18 个非 OECD 国家的数据考察了贸易和环境管制之间的关系。研究范围限于这些国家主要的污染密集性产业，包括金属采矿，有色金属，纸浆和纸业，钢铁业和化学制品业。有关环境管制严厉程度的数据来自 Dasgupta 等（2001）开展的调查研究。Dasgupta 等开展了一项问卷调查，问卷

---

① 指该贸易并非是依赖于资源性产品的。

中包括 25 个问题，内容涉及环境意识、立法和各国环境管制实施的执行机制等。Dasgupta 等根据问题的答案建立了度量环境管制严格程度的跨国指数（cross-country index of stringency in environmental regulation），指数越高代表管制越严厉。Wilson，Otsuki 和 Sewadeh 进一步在 Dasgupta 等数据的基础上构建了两个变量，一个变量刻画环境领域的立法状况（state of legislation），另一个反映环境管制实施的控制机制（control mechanism）。研究结果发现一国的"立法状况"变量对于该国的净出口产生了显著的负面影响，证实了更加严格的环境标准会减少污染密集型产业的出口贸易，并且对于 OECD 国家出口贸易的作用力度还要大于非 OECD 国家。"控制机制"变量对于净出口的正效应在金属采矿、有色金属和化学制品业中显著，在纸浆和纸业以及钢铁业则并不显著。他们还发现，如果发达国家试图通过贸易协定在全球范围内推行较严厉的环境标准，这种有关标准的一致协定将导致发展中国家污染密集型产品出口贸易更大幅度地减少。因此，他们认为，为了避免发展中国家污染密集型产品的净出口大幅度快速消减，一个渐进的过渡时期是必要的。发展中国家还应积极提高公众环保意识，获取环境收益。

Michalek 等（2005）使用欧盟 8 位数的双边贸易数据，考察了针对申请成为欧盟成员国的中东欧国家（Central and East European Countries，CEECs）和地中海国家（Mediterranean Partner Countries，MPCs）的三类欧盟政策的贸易效应。这三类政策分别是"一致性（harmonization）""新措施（the new approach）"和"相互认可"。技术壁垒方面主要参考欧盟委员会的报告（1998），该报告提供了在依据欧盟产业分类体系（NACE）划分的产业水平上，欧盟实施单一市场行动时都采取了哪些旨在消除技术壁垒的措施。对于每一个产业，他们都构建了一个虚拟变量，反映至少采用了"一致性""新措施"和"相互认可"中的一种政策。总体上，中东欧国家内部的贸易结构反映了相对要素禀赋，各项政策的分布与欧盟内部的情况较为接近。地中海国家内部在贸易结构方面差异较大，与欧盟国家相比，地中海国家向欧盟的出口大部分是在相互认可协定的框架内，一致性的方法所占比重非常低。实证结果发现，当消除贸易壁垒的政策是"一致性"或是"新措施"时，贸易流动都会显著增加。如果是"相互认可"，贸易流动反而有所减少。Michalek 等解释认为，在那些贸易流量较小、几乎没有技术贸易壁垒的产业中通常会采取"相互认可"方式，因此，这种措施能够带来的贸易收益非常有限。

Chen，Otsuki 和 Wilson（2008）使用世界银行技术贸易壁垒调查（World Bank Technical Barriers to Trade Survey）[1]（World Bank，2004）的数据建立企业层面的出口模型，主要考察不同类别的标准和管制如何影响发展中国家贸易企业向发达国家的出口决策，特别是质量标准、设计标准（design standard）、检验和认证程序（testing and certification procedure）以及标签规定等对于出口的扩展边际与集约边际的作用。研究样本包括 17 个发展中国家涵盖农业、制造业等 25 个产业在内的 619 家企业，出口市场方面重点分析欧盟、美国、加拿大、日本和澳大利亚等 5 个发达国家和组织。出口决策从三个维度度量，即平均出口量、出口市场数量和出口产品种类。研究发现，质量标准正面影响着出口的集约边际和扩展边际，不仅促进了企业在各个市场上平均出口量的增加，同时有利于扩大出口目的市场的数量与产品种类。标签规定也具有类似的贸易促进效应，但力度略小。设计标准与出口扩展边际的关系并不清晰。认证程序产生了相反的贸易效应，显著减少企业的出口范围。Chen，Otsuki 和 Wilson 总结认为，贸易国应该采取不同的措施应对各种标准和技术管制。为了达成相互认可协定，各国开展的有关合理简化认证程序的谈判会有助于企业扩大贸易规模、增加出口市场和贸易商品种类。

此外，Sanchez，Alzúa 和 Butler（2008）也使用了世界银行技术贸易壁垒调查的数据，并结合企业创新和技术行为全国调查（National Survey on Firms' Innovation and Technological Behavior）和永久住户调查（Permanent Household Survey）的相关信息，在企业层面上建立模型考察标准和管制对于阿根廷制造业部门向 OECD 国家出口的影响。由于缺乏详细数据，他们使用了双重差分方法（difference in difference，DID）展开实证分析。研究结果显示，OECD 国家

---

[1] 世界银行技术贸易壁垒问卷调查主要包括以下 5 个问题：（1）检验程序（testing procedure）是否影响了贵企业的出口能力？（2）质量/性能标准（quality/performance standards）是否影响了贵企业产品的出口能力？（3）标签规定（labelling requirements）是否影响了贵企业的出口能力？（4）在以下所列国家的适应性规定（applicable regulations）方面，贵企业获取有关信息是否存在困难？（5）合格评定检验（conformity assessment inspection）通常需要几天时间？在 Chen，Otsuki 和 Wilson（2008）的研究中，问题（1）–（4）用来创建虚拟二值变量，问题（5）主要用来计算合格评定检验的平均时间。他们把这些变量加入了描述出口份额和出口市场多样性的方程之中，其中市场多样性是指企业出口市场的平均数量。

的标准和技术管制越严格，阿根廷向这些国家的出口会显著减少。随着出口份额的减少，贸易企业对具有高技能劳动力的需求增加。同时，严格标准对于出口企业的平均工资产生了负面影响。Sanchez 等依据议价理论对此解释认为，较高的标准遵循成本被转移到了劳动者身上，因此出口企业的平均工资水平随之下降。

综合以上文献，这部分研究在样本、变量和计量方法都存在较大差异，主要内容报告在表 2-3 中。

表 2-3 区域协定中管制和标准的贸易效应

作者	被解释变量	管制/标准	贸易效应及解释
van Beers 和 van de Bergh（1997）	双边贸易，21 个 OECD 国家	环境管制	严格环境管制对贸易产生显著负面影响
Wilson，Otsuki 和 Sewadeh（2002）	双边贸易，5 个污染密集产业，6 个 OECD 国家和 18 个非 OECD 国家	环境管制	严格环境管制对贸易产生显著负面影响
Michalek 等（2005）	双边贸易，欧盟（包括新成员国）	标准和管制	一致性政策和新措施有利于促进贸易；MRAs 会减少贸易
Baller（2007）	双边贸易，电信设备和医疗器械部门，26 个 OECD 国家和 22 个非 OECD 国家	管制	MRAs 对区域外 OECD 国家的出口贸易产生显著的正面作用，但并未惠及区域外的非 OECD 国家
Chen 和 Mattoo（2008）	双边贸易，28 个 OECD 国家和 14 个非 OECD 国家	管制	一致协定促进了区域外发达国家的出口，减少了区域外发展中国家的出口；无限制性原产地规则的 MRAs 具有非常显著的贸易促进效应
Chen，Otsuki 和 Wilson（2008）	双边贸易，25 个农业和制造业部门，17 个发展中国家的出口企业，进口国包括 5 个 OECD 国家	标准和管制	不同类别标准对出口增长的扩展边际和集约边际的影响存在显著差异

续表

作者	被解释变量	管制/标准	贸易效应及解释
Sanchez 等（2008）	双边贸易，制造业，阿根廷企业向 OECD 国家的出口	标准和管制	结构性改变会导致阿根廷向 OECD 国家出口的大幅减少
Vancauteren 和 Weiserbs（2011）	双边贸易，制造业，欧盟 15 国	管制	欧盟管制一致性的提升积极促进了欧盟内部制造业产品贸易的快速增长，但不能对边界效应提供有力解释

2.2.4　国内研究进展

在国内，尽管标准的贸易效应长期以来受到政府部门、业界和学界的普遍重视，也是中国与 WTO、世界银行等国际组织合作，开展贸易政策研究的热点和前沿领域之一。但令人遗憾的是，国内学者对于中国标准的贸易效应的研究非常有限，特别是缺乏具有说服力的经验证据。与国外研究主要集中在第一份文献不同，国内从国家标准、国际标准层面考察标准贸易效应的研究非常有限。侯俊军（2009）考察了国家标准对中国对外贸易规模的作用，认为标准的增长尽管会在短期内负面影响中国的进出口贸易，但在长期内还是表现出促进作用。[①] 杨丽娟（2012）的研究发现，如果排除强制性标准，自愿性国家标准与自愿性国际标准的增加都会对中国的进出口贸易规模产生正面影响，并且对于出口额的影响程度更加显著。Yang Lijuan（2013）依据基于国际分类标准（ICS）的面板数据，进一步证实中国采用的国际标准，尤其是自愿性国际标准表现出积极的贸易促进效应，并有利于增加中美贸易盈余。强制性国际标准也有利于对外贸易，但强制性国家标准的作用并不清晰。

一些探讨 ISO 9000 标准对于中国进出口贸易影响的实证文献也是最近才出现的。熊明华（2004）分析了 ISO 9000 标准对华东地区出口贸易的影响，

[①] 此外，刘冰、侯俊军（2008），侯俊军、张冬梅（2009），侯俊军、万欣（2009），侯俊军、马喜燕（2009）分别探讨了轻工行业标准与出口、标准化与价格贸易条件、标准化与产业内贸易以及标准对中日双边贸易规模的影响等重要问题。

研究表明 ISO 9000 标准对华东地区的出口贸易发挥了积极的促进作用，这种影响在近几年呈现出不断增大的态势。马凌远（2011）利用修正后的引力模型考察了 ISO 9000 标准对中国出口贸易的作用并发现：在控制了 ISO 9000 相关变量的内生性之后，贸易伙伴国的 ISO 9000 认证水平表现出显著的出口抑制效应，中国 ISO 9000 认证水平对于出口贸易的影响并不显著，中国与贸易伙伴国 ISO 9000 的相互作用对中国出口贸易具有积极的"共同语言"效应。孙莹和张旭昆（2011）也应用引力模型考察了 ISO 9000 标准的贸易效应，研究表明 ISO 9000 标准在出口国和进口国认证的增加都有利于促进出口贸易增长。ISO 9000 标准的这种积极影响在促进发展中国家对发达国家的出口中表现的最为显著。朱卫平等（2012）基于中国 1993 年—2008 年间 ISO 9000 认证数与中国对外贸易的相关统计数据进行研究发现：中国 ISO 9000 认证水平与对外贸易发展之间存在着长期稳定的均衡关系，前者是后者的 Granger 原因。当 ISO 9000 认证受到一定冲击发生变化时，能够给出口增长带来长期、持续的正面影响，但对进口贸易则产生了相反的作用。ISO 9000 认证的这种贸易效应在不同的产业部门中存在显著差异，对技术密集型部门的影响力度最大，对劳动密集型部门的影响力度最小。

此外，强永昌（2002），段琼和姜太平（2002），徐生强、郭亭亭和徐成（2003），郭芳（2004），吴磊和胡婷（2004），苏世芬（2005）都关注了环境标准对贸易的影响。张克宁（1995）、陈建（2000）、郭根龙和冯宗宪（2004）讨论了国际贸易中的劳工、环境标准之争及发展趋势。这些学者普遍认为，环境标准、劳工标准与国际贸易的联系将日益紧密，中国在发展对外贸易的过程中需要防止贸易伙伴国出于贸易保护而对环境等标准过度使用，同时应积极主动地运用国际公认的环境、劳工等标准，以提升中国产品的国际竞争力。

综合以上研究文献可以看出，国外有关标准贸易效应的研究已经形成了比较系统的研究体系和明确的研究方向。学者们丰富的研究成果为建立标准与国际贸易之间的联系，理解各类标准贸易效应的形成机制提供了宝贵的理解。同时，发展中国家在该领域的研究明显滞后于发达国家。国内外学者为中国标准的贸易效应提供的经验证据依然非常有限。与国外较为成熟的研究框架相比，关于中国标准贸易效应的研究才开始起步，这也为本研究提供了可能性较大的拓展空间。

重要的拓展方向包括：从标准编制的角度出发，考察自主编写的国家标准与在采用国际标准或国外先进标准基础上制定的国家标准是否对中国的对外贸易产生了影响，影响程度如何？从标准的执行效力来看，中国是存在强制性标准的国家，那么强制性标准和自愿性标准的贸易效应是否存在差别？从标准类别来看，基础标准、质量标准、产品标准、管理标准、卫生标准、环保标准、安全标准等是否对中国对外贸易产生了影响？在不同的产业领域（本书依据 ICS 分类方法划分产业部门）中，各类标准的贸易效应是否存在显著特征？微观层面上，标准是否会影响中国企业的国际市场选择行为，进而影响贸易边际？论文将在以下章节对这些重要问题提供理论分析和经验证据。

2.3　微观视角：网络产业的标准竞争与标准化策略

标准对于具有网络特征的产业而言意义尤为重要。本小节主要综述了网络产业组织理论与标准经济学理论中有关标准竞争与标准化策略的研究成果。在梳理文献后可以发现，标准竞争与标准化策略是推动网络产业发展的内在微观动力机制。

网络是由节点以及连接这些节点的链接组成，表现出网络特征的产业既包括了交通、广播和电信等传统网络产业，也包括以计算机技术为平台的网络金融、网络游戏以及数字传媒等新兴网络产业。在移动互联网、语义网、射频识别（Radio Frequency Identification，RFID）以及云计算等关键技术快速发展的带动下，网络产业为当前世界经济的发展创造了无限可能。网络产业的核心特征是具有网络外部性[①]，表现为消费者的效用和（或）生产者的收益会受到使

---

①　关于网络外部性（network externality）或网络效应（network effects）的讨论，可以参见 Church（1992）、Gandal（1995，2002）、Janeba（2007）、Lewer（2007）、Ferrando 和 Gandal（2008）的代表性论文。在实证研究方面，由于数据的缺乏，经验研究相对较少。大部分研究集中在检验特定领域中是否存在网络效应，包括：Cusumano 等（1992）对家庭录像机（VCRs），Economides 和 Himmelberg（1995）对美国传真机市场，Gandal（1995）对软件市场文献传输兼容性标准，Brynjolfsson 和 Kemerer（1996）对 Lotus 界面及软件包价格，Busse 和 Rysman（2001）对于黄页产业，Ohashi（2003）对于 VHS/Beta 标准战，Shankar 和 Bayus（2003）对于家庭录像游戏产业，Dranove 和 Gandal（2003）对 DVD 产业，Ackerberg 和 Gowrisankaran（2006）对联邦自动清算中心支付系统，以及 Grajek（2010）对波兰移动电话产业中网络效应的研究等。这些研究都表明网络外部性的确存在并且发挥着重要作用。

用同样（或者可兼容）标准的消费者和（或）生产者数量的作用（Shy，2011）。例如，使用某个电信网络的用户越多，人们从这个电信网络中可以联系到的人也就越多。同样的，使用某种品牌电脑的用户越多，专门针对该种品牌电脑开发的应用软件资源也会越多，而这又将吸引更多的用户去选择购买这种品牌电脑。前一种情形本质上体现了直接网络外部性，即由于用户规模或安装基础增大而引起的收益增加；后一种情况则反映了间接网络外部性，在具有互补性的系统产品市场上常常可见这类典型事例。标准化意味着市场上所有的参加者均采用了同样的标准，标准之间的兼容性可以保证系统产品不同组件之间的混合匹配和互换性[①]。因此，在网络产业中，标准竞争与兼容决策直接关系到市场参与者能否收获源自网络外部性的正向反馈，其重要意义更显突出。

自 20 世纪 80 年代起，以因特网为代表的技术进步深刻影响着网络产业的发展，标准竞争和标准化策略迅速成为网络产业组织理论的重要领域之一。与技术工程学主要研究具体标准的标准化问题不同，经济学家们更为关注微观层面企业的标准竞争策略，中观层面产业的标准化政策和反垄断政策以及宏观层面国家的国际标准化策略。以下我们主要围绕标准和标准化的形成机制与效率评价综述有关文献，包括标准形成的市场机制以及标准化中的非市场力量与后发者策略。

2.3.1　标准竞争与标准化形成的市场机制

市场机制的效率始终是经济学家关注的重点。标准形成的市场机制是否是有效率的，要根据市场是否可以及时地选择对整个社会而言最优的技术标准来进行判断。在具有网络外部性的市场上，企业展开标准竞争一般是受到经济利益的激励，这种作用在表现出直接网络外部性或间接网络外部性的环境存在不同的表现方式。在直接网络外部性存在的市场上，标准竞争的胜负与发起人密切相关。标准发起人是指为某项标准申请了知识产权保护（例如专利权）的企业，他们通常愿意为标准进行投资并推广标准获得广泛采用。在存在间接网

[①]　有关标准化基本原理的著作，可以参见桑德斯《标准化的目的与原理》以及松浦四郎《工业标准化原理》等。在国内，陈文祥、王征（1981）、常捷（1987）和李春田（2009）等学者也开展了相关研究。

络效应的环境中，无论是提供同质产品或是异质产品的具有水平联系的企业，还是为系统产品提供上下游组件的具有垂直联系的企业[1]，当这些企业在市场上为了获取生产要素与市场占有率而展开竞争时，都必须做出兼容性决策，即是选择坚持自己的技术标准，还是选择与其他的技术标准保持兼容。

（1）直接网络外部性和标准的发起人

Farrell 和 Saloner（1985，1986）较早对没有发起人的标准竞争进行了研究。[2] 在 1985 年的研究中，Farrell 和 Saloner 建立序贯博弈模型分析企业采用一个没有发起人的标准的标准化过程。他们主要关注在网络外部性显著的市场上标准化带来的递增收益是否会使市场在面临其他可供选择的更优的技术标准时，落入一个过时的或是较劣标准的陷阱。研究结果表明，信息条件决定了市场将会选择哪一个标准。如果市场上的信息是完全的，企业对采用标准为自己与对方带来的收益拥有共同知识，那么在序贯做出转换决策的阶段博弈中，这些企业都会选择相继做出转换决策，转而采用新标准。在具备完全信息的市场上不会出现过度惯量，市场不会陷入一个较劣标准的陷阱。在信息不完全的市场上，通常可能出现两种过度惯量。一种情况是对称惯量，即企业对于新技术的偏好一致，但对于转换的态度非常温和以至于不会采取行动，这时企业继续维持原状。另一种情况是不对称惯量，企业对于新技术的偏好并非一致，尽管采用新技术的收益超过成本，但企业对转换的温和态度仍旧迫使它们做出不转换的决定。

Farrell 和 Saloner（1986）进一步分析一个旧的、无发起人的标准与一个

---

① 垂直联系的企业是指彼此提供互补产品的企业。如果有两家生产单一产品的企业同时向具有垂直联系的上游或下游企业提供产品，那么其中一家企业的最优策略就是吸引更多的要素流向本企业，而阻止元素提供给竞争对手。对于数字产业而言，情况要更复杂一些，因为企业往往同时生产几种产品。例如，Microsoft 向众多企业提供应用软件，一些是合作关系，它们采用 Windows 和 DOS 系统从而支持 Microsoft 同 Unix 和其他操作系统展开竞争，一些是竞争关系，如制作文字处理器和电子表格的企业。垂直联系的企业必须考虑本企业的产品是否与其他企业兼容。

② 此外，Arthur（1983）较早观察到市场有可能被锁定在一个具有直接网络效应的没有发起人的标准上，David（1985）对 QWERTY 键盘的研究很好地证明了这一理论结果。Arthur 在模型处理上把锁定表示为标准采用时间和收益的函数，并发现在一定条件下，标准的后采用者的决策在很大程度上取决于早期采用者的决策。这种路径依赖使得通过政府补贴也无法将市场转向更有效率的标准，于是出现了锁定。David 发现，尽管 QWERTY 键盘最初是为了降低机械式打字机的击键频率而设计的，但是随着现代计算机的发展，机械式打字机已不再使用，但是计算机键盘却仍然被锁定在 QWERTY 键盘上。

较新的、较优的并且无发起人的标准之间的竞争行为。与已有的研究相比较，他们最重要的贡献是引入了市场上存在安装基础这一前提假设，即一个旧的、无发起人的标准在市场上已经具有一定规模的安装基础。对耐用消费品来说，存在安装基础意味着老用户可能与旧的技术标准在一定程度上绑定在一起，那么只有新用户可以选择是否采取新的标准。Farrell 和 Saloner 认为由于存在安装基础，标准不可兼容（如新一代的计算机产品与上一代产品之间是不可兼容的）造成的损失会由老用户来承担，这时市场会出现过度惯量。如果新标准被采用而之前的安装基础也能够继续使用（如新一代的系统与上一代系统之间能够实现前向兼容），就会出现过度动量。与 1985 年的研究相比，Farrell 和 Saloner 进一步对技术采用的时间进行了细分，假定在一个给定的时间，并不是所有的用户都有相同的机会采用新标准。如果技术创新是没有被预期到的，新用户可以采用那些老用户无法采用的技术，而以前采用旧技术的老用户又与安装基础绑定，那么即使新标准被采用，也需要很长的时间建设新的安装基础以发挥网络效应。这种对于新标准的延迟采用也是市场无效率的表现。Farrell 和 Saloner 还发现，如果存在安装基础，即使是完全信息的情况下，也会出现过度惯量。由于存在安装基础，老用户在一定程度上与旧的标准绑定在一起，还会使其对新标准，也许是更好的标准产生歧视，进而引起竞争产品预先发布和掠夺定价这两种不利于市场竞争的行为。竞争产品预先发布意味着可能会采用旧标准的用户无视即将进入市场的新标准，不愿等待以采用新标准，从而使得市场进一步陷入较劣标准的陷阱。在位的垄断者还可以选择暂时降低价格，直到他的专有标准已经获得了足够大的安装基础以至于不可兼容的新标准无法进入，从而达到遏制市场竞争的目的。

Katz 和 Shapiro（1986a）考虑了有发起人的标准竞争。在没有明确的产权存在的情况下，由于存在外部性，竞争均衡是无效率的。一方面，消费者忽视了自己做出的购买决策会通过网络外部性对其他消费者产生影响，市场更偏向于非标准化。另一方面，即使存在标准化，市场也可能选择错误的标准并形成锁定。如果存在明确的产权，但仅有一家企业是技术产权的所有者，那么这家企业将愿意做出一些投资（例如，掠夺定价方式）以促进技术采用，因为在后期这类投资可以通过高于边际成本的产品定价而得到补偿。受到发起的技术标准会在标准战（standards wars）[①] 中胜出，即使它并非是较优的标准。如果两种技术都是具有发起人的，那么在消费者可以对未来销售形成理性预期的前提下，市场不会被锁定在一个旧的、较劣标准上，在未来较优的技术将确定自己在市场上的领先地位。

（2）间接网络外部性与兼容性决策

Katz 和 Shapiro（1986b）关注间接网络外部性对于竞争企业兼容性决策的效应，并且将之前仅有一期的静态分析扩展至两期的动态模型，详细解释了将竞争环境视为动态的主要原因。一方面，随着时间的推移，每一种产品都建立了安装基础，这种安装基础可以表现为已经售出的设备等实物资本，也可以表现为经过培训使用网络产品的用户等人力资本。在不同的时点上安装基础对于竞争环境的影响显然是不同的。另一方面，尽管 Katz 和 Shapiro 假设技术进步是外生的，但是竞争技术的相对成本是可以随着时间而发生变化的。对于当期的采用者来说，形成有关对方技术的未来成本的合理预期非常关键，因为这些成本将会影响两种产品未来的网络规模。他们得出的重要研究结论是，与静态环境相比较，处于动态框架中的企业通常会有过度兼容的激励。若企业的产品彼此不具备兼容性，那么消费者对于单位产品的评价将会受到该产品生产企业的市场网络规模的影响。于是，在产业发展之初生产者彼此之间就会展开激烈的竞争，每一方都希望能够领先与竞争对手而率先建立自己的安装基础。若产品之间是可以兼容的，又会出现另一种情况，即企业提供的品牌各异的产品都仅是系统产品的一个子部分，这时并没有一种市场机制能够确保竞争企业通过建立安装基础而赢得领先优势。

Besen 和 Farrell（1994）关注具有水平联系的企业，研究了可能影响该类企业兼容决策的主要因素。对于具有水平联系的企业，如果企业选择让自己的产品与竞争对手的产品之间保持兼容性，那么企业会在一个兼容标准内展开竞争；如果企业选择不兼容，那么企业会在不可兼容的标准之间开展竞争。无论是哪一种情况，标准化的过程都充满了竞争性的策略。通过推行一个兼容性标准，或是阻碍它的采用，企业的决策都对市场竞争的激励产生了深刻的影响。

---

① Stango（2004）提供了一个关于标准战（standards wars）的研究综述，该研究中定义的标准战，仅指不可兼容的标准之间的竞争。

如果在标准战中获胜，企业可以有把握地预期会有较大回报，但是在决定是否参加标准战时，企业又不得不考虑企业利润在多大程度上会因标准竞争而减少。到底是选择为标准申请专利保护而成为专有标准，还是选择加入竞争对手的标准网络，或是将自己的标准提升为受到推荐的产业标准而让竞争对手采用，这些决策不仅取决于竞争本身的性质，而且依赖于企业在不同的竞争中获胜的可能性。同质企业通常会做出同样的兼容性决策，此时市场上容易实现标准化。若企业都对兼容性评价很高，但是仅希望就自己所偏好的标准实现兼容性，这时企业会倾向于鼓励竞争对手加入自己的标准网络。若企业均试图把自己的技术标准发展成为专有标准，就会引起激烈的价格竞争。在存在异质性企业的市场上，更有可能发起互相冲突的标准竞争，这种情况下在位企业不再继续关注怎样竞争，而是更多考虑如何抑制竞争者进入市场的竞争。

Einhorn（1992）主要研究由不同生产者提供的系统组件中的混合匹配现象。比如，尽管各种硬件和软件来自不同的生产者，但是兼容性能够保证消费者既可以选择由一家企业生产的一整套系统产品，也可以选择由多家企业提供的组件所组合成的系统产品。现实中的混合匹配通常能够更加贴近消费者的偏好（比如戴尔电脑推出的个性化定制服务）。Einhorn 建立了一个伯川德（Joseph Bertrand）模型，在给定竞争对手价格的前提下，每一个生产者设定自己的价格以最大化企业利润。在第一阶段，生产者决定是否与竞争对手保持兼容。在第二阶段，生产者在考虑兼容性之后对自己的产品进行定价。兼容性可以满足消费者对多样性的偏好，企业的产品价格也随着提高，所以双方都将从兼容性中受益。若消费者对于硬、软件的偏好参数还具有相关性，那么系统产品的价格会进一步上升。如果实现兼容性是没有成本的，那么它就是一个子博弈完美纳什均衡。Einhorn 对此的解释是，在没有兼容性的情况下，每家企业提高系统产品价格的能力依赖于市场上两种竞争体系的组合质量。存在兼容时，硬件和软件市场彼此完全分开，每家企业提高组件价格的能力仅与具体的组件质量有关。一般来说，兼容性标准可以保证市场上产品的多样性，因此，当组件之间可以兼容时，系统价格将会上升。

上述研究主要围绕市场竞争产生标准的特征和效率展开讨论，特别强调消费者预期、网络外部性、专利保护和兼容性决策对于市场机制效率的作用。研究结论显示，如果市场是存在网络外部性的，那么企业就标准竞争进行博弈的最终结果均有可能与社会的最优选择发生偏离。但 Katz 和 Shapiro（1994）坚持认为，正是因为市场的无效率程度、信息的完备性以及政府是否具有正确的干预激励等重要条件都是不清晰的，所以政府对于标准竞争的干预也并非是必要的。

2.3.2 标准化进程中的非市场机制与后发者策略

一些经济学家认为标准竞争与标准化策略直接影响着市场效率与社会福利，从本质上来讲与公共政策联系密切，因此他们并不认同 Katz 和 Shapiro 的上述结论。这类研究更加强调标准化委员会、政府等在促进信息交流与协调合作方面的优势，更为关注其中可能出现的产业组织行为和法律议题，并且进一步扩展到开放条件下的国际标准化和后发者策略。这种拓展既是全球数字化迅猛发展背景下网络外部性跨越国界的表现，其迫切性和必要性更是随着诸如中国、韩国等标准后发国开始主动参与国际标准化进程而日益凸显。

（1）标准化委员会与自愿达成一致

Farrell 和 Saloner（1988）对比研究了在一个企业彼此无交流、能够单方面做出标准决策的完全市场环境中，与在一个企业能够选择接受标准化委员会的协调、也能够做出单方面决策的市场/委员会的混合市场环境中标准竞争的差别，并且进一步考察了企业选择通过标准化委员会达成一致标准的动机。这里的标准化委员会包括了标准制定机构、产业联盟和行业协会等。他们认为，若与竞争对手的技术标准相比，市场上的企业都更为偏好自己的标准，而与维持完全的不可兼容性相比又都更加偏好于在市场上实现标准化，则委员会与市场竞争过程相比更有可能在企业之间进行协调而达成一致标准，因此，通过委员会来确立标准是优于市场选择的。不过需要权衡的是，由委员会实现标准化的过程一般要比市场机制发挥作用更为漫长。因此，Farrell 和 Saloner 认为应该由市场和标准化委员会来共同决定，这种情况下实现的标准化对于整个社会而言是最具有效率的。

Lemley 和 McGowan（1998）的研究发现，对于具有水平联系的企业而言，标准化政策往往需要与反垄断政策同时考虑。因为这类企业之间自愿达成一致标准很可能形成垄断。如果标准化委员会还受到相关利益集团的操纵，垄断情况会更为严重。虽然标准化委员会在促进竞争企业彼此之间的协调与交流方面具有优势，但信息交换的成本亦不可忽视，这些成本还会造成委员会可能做出带有歧视性的决策，或者拒绝向委员会成员以外的企业提供必需的技术许可。解决该类问题的有效途径之一就是恰当地利用反垄断法，同时确保所有的成员与合理比例的非成员均能够参加到制定标准的过程之中。如果标准化管理委员会规定决策必须经全票通过才可以生效，这又会以影响决策速度为代价。Lemley 和 McGowan 还认为在具有网络外部性的产业中，版权、专利权等各类知识产权有助于为信息的有效利用和传播确立规则，但同样有可能引起垄断从而对企业的创新活动产生抑制作用。他们认为，若企业对于某个界面有所改进，则应对界面采用有限的版权保护，若企业仅仅是简单地模仿界面，则应实施完全的版权保护以支持原创。Swanson 和 Baunol（2005）进一步关注了界面标准与其他兼容性标准对于市场竞争的影响，认为在存在网络外部性的市场上，通过标准化形成市场垄断的风险会增加，并用一个拍卖模型证明了合理无歧视（Reasonable and Non Discriminatory，RAND）的版税可以为企业之间自愿达成一致标准提供恰当的激励。

（2）政府角色与国际标准化

Gandal 和 Shy（2001）研究了本国政府承认外国标准的动机，并发现：若标准之间的转换成本较大，那么两国建立标准化联盟（并不认可第三国标准）会有利于增加社会福利。标准化联盟制定的专有标准对联盟成员国产生了贸易创造效应，而对联盟以外的国家产生了贸易转移效应。若网络外部性非常显著，那么所有的国家会认可彼此的标准而且没有激励去建立标准化联盟。

Klimenko（2007，2009a，2009b）的一组论文进一步考虑了与网络产业有关的贸易政策与国际协定。假设由于受到 WTO 等国际公约有关国民待遇、公平待遇的限制，无论是在完全竞争还是在国际双头垄断的具有外部性的市场上，参与贸易的两国政府只能策略性地使用有关兼容性标准的贸易措施工具而非传统的贸易政策手段。他发现非合作博弈模型的均衡结果都取决于网络外部性的强度，可能会形成较高的兼容性水平引起过多的贸易或是没有贸易，也可能会形成较低的兼容性水平和贸易的均衡。Klimenko 由此对具有网络外部性的产业的技术兼容相关的政策和国际贸易协定进行了评价。这一研究成果对于兼容性标准贸易政策的探讨做出了开拓性的贡献。

近 10 年来，中国、韩国等国家标准化的后发者开始积极参与到国际标准化的舞台上，其中有成功的经验，也有失败的教训。Lee 和 Oh（2006，2008）采用行动者—网络理论（Actor-Network Theory）分析了中国推行 WAPI 标准的过程，他们认为中国 WAPI 标准之所以在国际标准化进程中失利，关键因素在于 WAPI 标准的推行是封闭的，缺乏协调和多方行动者的共同参与。Gao（2007）进一步对中国研发和配置 WLAN 的案例进行分析。[①] Gao 强调标准化的过程受到一个双层机制的作用，这个双层机制的内层由追求利益的行动者构成，外层包括了技术、制度和社会等多方面影响行动者利益的因素。中国的标准研发管理体系带有明显的计划经济烙印，而且将主要的利益相关者排除在 WLAN 市场以外，所以没有形成足够强大的内层防御性网络以对抗由外国竞争者构成的挑战性网络，造成了 WAPI 标准的实施被无限期推迟。尽管政府在推行标准时在执行力方面具有优势，但是价格机制与技术竞争却很难在标准化的过程中发挥作用。由于信息是不对称的，微观企业实质上要比政府更加了解自身的成本与技术进步的潜力。强制推行标准意味着有关管理部门没有充分地掌握可以由等待而获取的信息，也容易引起利益方的寻租行为。

Choung，Ji 和 Hameed（2011）构建了综合性的理论研究模型，结合韩国 TPEG、E-DMB 等标准的国际标准化案例分析了标准后发国的赶超策略。Choung，Ji 和 Hameed 认为，对于综合实力较弱的后发国而言，依然应该按照传统的路线以采用领先国的标准为主要方式。若后发国已经具备了比较高的技术实力，比如韩国、新加坡等国家，那么他们的标准化策略就不仅仅限于因循采用领先国的标准。这些具备较高技术实力的后发国可以选择的国际标准化策略主要有：采用领先国的标准并成为整个标准体系的一个子集，或者对领先国的已有标准做出一些兼容性的修改，还可以在本国的技术实力和经济、社会发展达到较高水平的基础上发展自己的独立标准。[②]

Egyedi（2007）还指出，在具有网络外部性的市场上，之所以会出现许多符合标准但彼此却不可兼容的产品，主要原因在于标准的制定与执行存在脱

---

① Gao（2007）采用社会网络方法（social network approach）进行分析。有关该方法可以参见 Kim（2002）、Leenders（2003）、Potts（2008）的相关研究。一些学者还运用网络分析（network analysis）方法研究国际贸易问题，较新的代表性研究包括：Rauch（1999，2001，2002，2004）、Bolton 和 Dewatripont（1994）、Mahutga（2006）以及 Evers（2008）等。

② 此外，Kim（2010）考察了日本和韩国在无线网络市场上的标准化策略。

节。标准化委员会和政府部门只是制定标准，却忽视了标准执行的方式，把标准的实施留给了市场。Egyedi 认为，制定标准、执行标准和监督实施情况这三个环节是相互作用，彼此紧密联系的。因此，不论是在技术层面还是在政策层面，标准化委员会和政府部门都需要把工作的重心从简单地拟定标准，转移到更加系统化的制定和实施标准上。由此推广到国际标准化的动态过程中，政府部门更加需要充分考虑国内外各个利益群体的实力较量与标准竞争的利弊权衡，从而在熟悉国际标准化的形成与作用机制的前提下选择最适宜的国际标准化策略。

2.3.3　小结

综合以上研究结论，标准竞争和标准化策略已经成为推动网络产业发展的关键力量。于欣丽（2008）认为，标准和标准化是企业和各国赢得市场竞争优势、提高核心竞争力的重要竞争手段。杨丽娟（2012）认为，无论是市场机制还是标准化委员会、政府部门等非市场机制，都必须以竞争与合作共赢为前提，在提高标准化效率的同时增加社会福利。信息不对称和转换成本的存在会负面影响标准形成机制的效率，因此，以最大化社会福利为目标的公共政策，应该侧重于改善和促进标准化过程中各个参与方的协商一致与合作交流。

从国际层面来看，目前关于国际标准化中后发者策略的研究还局限于个案分析，还没有形成系统性的理论模型。在网络技术发展日新月异的背景下，与技术本身相比，标准化策略的重要性更加凸显。李春田（2005）认为，在一定程度上各国之间的经济竞争已经演变为标准竞争，特别是那些与经济利益联系密切、信息技术快速发展的产业领域。毛丰付（2007）认为，从各国之间的联系和参与全球竞争的层面来看，在本质上标准竞争决定着如何确定游戏规则以及与国际市场接轨的直接利害得失。

因此，从中国国情出发，考察在尊重企业决策和消费者需求的基础上，如何确立政府在标准化中的恰当角色，依托各产业领域的标准化机构、产业联盟与行业协会来推动一批具备自主知识产权的中国标准成为国际标准，是当前具有重要的理论和实践价值的研究高地。

第 3 章 宏观层面：基于贸易总额的实证

3.1 国家标准、国际标准对中国进出口贸易的影响

本小节运用误差修正模型（ECM），实证检验了国家标准、国际标准对中国对外贸易规模的影响，并对作用机制进行了分析。研究发现：国家标准和国际标准的增加对中国的进出口贸易总额、出口额与进口额都产生了正面影响。国家标准的颁布和实施有利于促进中国对外贸易的发展，而采用国际标准具有更为显著的贸易促进效应。同时，标准对于出口额的正面作用还要大于对于进口额的影响。

3.1.1 数据来源与研究方法

本小节的研究数据主要包括中国 1978 年—2010 年间现行标准的年度数据以及相应的贸易数据。世界贸易组织《技术性贸易壁垒协议》（Agreement on Technical Barriers to Trade）将技术性贸易壁垒分为技术法规（technical regulations）、技术标准（standards）与合格评定程序（conformity assessment procedures）三种，同时强调标准是非强制执行的，而技术法规具有强制性。因此，我们在统计现行的国家标准、国际标准数量时，没有包括强制性标准的类别。在对国际标准的数量进行统计时，我们参考了国外相关研究的处理方法，即：如果一项标准在国家标准化管理委员会数据库中被标记为"等同于（identical to，IDT）"一项已有的国际标准，或是"修改采用（modified，MOD）"了一

项国际标准，则将该项标准归类为国际标准。国家标准和国际标准的数据检索来自国家标准化管理委员会国家标准目录查询数据库，均为样本年度发布、实施的标准量。中国的贸易总额、进口额和出口额等整理自《中国统计年鉴2011》，我们采用国内 CPI 指数排除通货膨胀因素可能会对贸易额产生的潜在影响，因此本小节中的数据均为当年度的真实值。研究数据报告在表 3 - 1 中。

表 3 - 1　国家标准、国际标准与贸易额（1978—2010）单位：项、%、亿元人民币

年份	国家标准量	国际标准量	国际标准所占比重	进出口贸易总额	出口额	进口额
1978	88	0	0	3.525322741	1.664349553	1.860973188
1979	113	0	0	4.461236506	2.077526987	2.383709519
1980	188	0	0	5.302325581	2.522790698	2.779534884
1981	274	0	0	7.173658537	3.586341463	3.587317073
1982	355	5	1.41	7.561764706	4.056862745	3.504901961
1983	519	10	1.93	8.432352941	4.297058824	4.135294118
1984	840	11	1.31	11.69425511	5.652385589	6.041869523
1985	1231	21	1.71	18.90850869	7.40073193	11.50777676
1986	1807	49	2.71	24.22910798	10.16056338	14.0685446
1987	2738	78	2.85	28.74370923	13.6999068	15.04380242
1988	3445	136	3.95	32.17003367	14.87121212	17.29882155
1989	4517	208	4.60	35.21949153	16.57627119	18.64322034
1990	5663	262	4.63	53.92919496	28.96023278	24.96896217
1991	6113	284	4.65	69.88201161	37.01257253	32.86943907
1992	6819	308	4.52	85.71052632	43.95018797	41.76033835
1993	7973	362	4.54	98.26503923	46.16216216	52.19006103
1994	8906	385	4.32	164.2377115	83.97904915	80.25866237
1995	9675	463	4.79	200.6823228	106.3347566	94.34756618
1996	10765	566	5.26	222.8421053	116.1255771	106.7165282
1997	11676	719	6.16	262.3268482	147.4776265	114.8492218
1998	12629	968	7.66	270.6622984	153.4637097	117.1985887
1999	13434	1064	7.9	303.2068966	163.8924949	139.3144016
2000	14377	1393	9.69	391.1673307	205.5219124	185.6454183
2001	15146	1585	10.46	418.9036743	218.7130089	200.1906653

续表

年份	国家标准量	国际标准量	国际标准所占比重	进出口贸易总额	出口额	进口额
2002	16017	1757	10.97	517.9254032	271.6522177	246.2731855
2003	17129	1992	11.63	696.4772727	358.576087	337.9011858
2004	18547	2655	14.31	919.5293551	472.6015399	446.9278152
2005	19175	2960	15.44	1148.544204	615.4037328	533.1404715
2006	20488	3606	17.6	1388.880788	764.4788177	624.4029557
2007	21918	4267	19.47	1591.032443	891.7519084	699.2805344
2008	24741	5312	21.47	1698.975449	948.0160529	750.9584514
2009	29306	6953	23.73	1517.100705	826.0795569	691.021148
2010	31024	7511	24.21	1952.780252	1036.038722	916.7405615

数据来源：根据国家标准化管理委员会数据库，《中国统计年鉴 2011》有关数据整理所得。

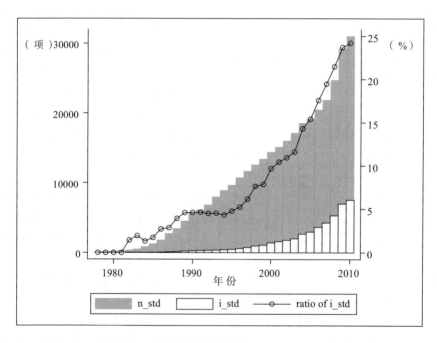

图 3-1　国家标准、国际标准增长趋势（1978—2010）单位：项、%

注：n_ std 为国家标准量，i_ std 为国际标准量，ratio of i_ std 为国际标准所占比重.

数据来源：国家标准化管理委员会国家标准查询数据库。

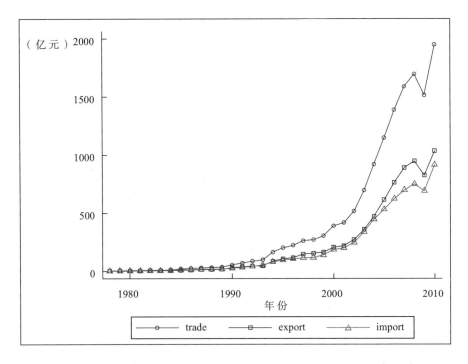

图 3 - 2　中国进出口贸易总额、出口额与进口额　单位：亿元人民币

数据来源：《中国统计年鉴 2011》，北京：中国统计出版社。

　　从图 3 - 1 可以看出，国家标准和国际标准的数量自 1990 年以来一直表现出稳步上升的趋势，国际标准在整个标准总量中所占的份额也在这一时期显著上升。1982 年标准总量中的国际标准占比还不到 2%。自 1994 年之后，这一比例逐渐开始平稳上升。2001 年之后增长幅度进一步提高，到 2010 年，标准总量中的国际标准占比超过了 24%。从图 3 - 2 来看，在同一时期中国的对外贸易规模也在显著增长，尤其是中国在 2001 年加入世界贸易组织之后，进出口贸易流动明显加快。此外，在 2004 年之前，出口额与进口额的增长趋势比较接近，自 2005 年起，出口额的增长开始超过进口额的增长。

　　结合图 3 - 1 与图 3 - 2 来看，在 1978 年—2010 年的样本期内，国家标准量、国际标准量与中国进出口贸易额的增长趋势相似，而且在 2001 年中国成为世界贸易组织成员国之后，增长幅度都出现了更为显著的提升。依据该领域已有的理论论证和实证研究的主要结论，并且结合国家标准量（STDCHINA）、国际标准量（STDINTER）、进出口总额（TRADE）、出口额（EXPORT）与进口额（IMPORT）的增长趋势的分析，本书认为两类变量之间存在长期稳定的关系。我们首先对所选取变量进行平稳性检验，然后再对相关的时序数据进行协整分析。平稳性检验的结果报告在表3-2中。

表3-2　变量的平稳性检验

变量名	检验类别	ADF 检验值	临界值	主要结论
TRADE	$(c,t,5)$	2.45969*	-3.22923	非平稳
DTRADE	$(c,t,5)$	-5.15038***	-4.28458	平稳
EXPORT	$(c,t,5)$	2.82701*	-3.22923	非平稳
DEXPORT	$(c,t,5)$	-4.88736***	-4.28458	平稳
IMPORT	$(c,t,5)$	2.94061*	-3.22923	非平稳
DIMPORT	$(c,t,5)$	-3.38493*	-3.22923	平稳
STDCHINA	$(c,t,5)$	1.14263*	-3.21236	非平稳
DSTDCHINA	$(c,t,5)$	-3.74421**	-3.56288	平稳
STDINTER	$(c,t,5)$	1.84248*	-3.22923	非平稳
DSTDINTER	$(c,t,5)$	-3.55893*	-3.21527	平稳

注：TRADE 表示进出口贸易总额，EXPORT 表示出口额，IMPORT 表示进口额，DTRADE、DEXPORT 与 DIMPORT 分别是这些变量的一阶差分；STDCHINA 表示国家标准量，STDINTER 表示国际标准量，DSTDCHINA、DSTDINTER 分别是它们的一阶差分。（c，t，k）中c表示单位根检验的截距项，t表示时间趋势项，k 是最大滞后阶数。选择 k 时遵循最小 AIC 准则。*，**，*** 分别表示10%、5% 和 1% 的显著性水平。

通过对比平稳性检验得到的 ADF 值与临界值可以发现：进出口贸易总额、出口额、进口额、国家标准量和国际标准量都属于非平稳的时间序列，但这些变量的一阶差分均为平稳的 I（1）序列。根据 Granger 协整关系定理，同时基于本论文关于标准量会影响贸易额的判断，我们考虑采取 Engle-Granger 两步法为相关变量建立起误差修正模型，同时在此基础上研究标准量影响贸易额的程度。因此，我们首先对国家标准量、国际标准量和进出口贸易总额、出口额、进口额应用协整分析，考察在国家标准量与进出口贸易总额、出口额和进口额之间，以及在国际标准量与进出口贸易总额、出口额和进口额之间是否具有长期均衡的协整关系。如果协整检验的结果进一步证实在上述变量之间的确存在着长期均衡的协整关系，则我们将前一步中得到的误差修正项以及其他能够体现短期变动趋势的变量都作为解释变量纳入模型，得到最终的误差修正模型。

3.1.2　实证结果

（1）序列数据的协整检验

我们对国家标准量（STDCHINA）、进出口贸易总额（STDTRADE）、出口额（EXPORT）、进口额（IMPORT）以及国际标准量（STDINTER）、进出口贸易总额（TRADE）、出口额（EXPORT）、进口额（IMPORT）进行协整关系检验，主要检验结果报告在表3-3中。

表3-3　协整关系检验

序列数据	是否存在协整关系	特征值	秩统计量	5%临界值	P值
TRADE 和 STDCHINA	没有*	0.38157	17.9262	15.4947	0.021
	至多一个	0.09307	3.0284	3.8415	0.082
EXPORT 和 STDCHINA	没有*	0.32237	15.6079	15.4947	0.058
	至多一个	0.10672	3.4985	3.8415	0.061
IMPORT 和 STDCHINA	没有*	0.42221	19.4371	15.4947	0.012
	至多一个	0.07546	2.4323	3.8415	0.119
TRADE 和 STDINTER	没有*	0.72986	57.2173	15.4947	0.000
	至多一个*	0.41545	16.6442	3.8415	0.000
EXPORT 和 STDINTER	没有*	0.69058	57.7765	15.4947	0.000
	至多一个*	0.49877	21.4115	3.8415	0.000
IMPORT 和 STDINTER	没有*	0.76348	55.9254	15.4947	0.000
	至多一个*	0.30395	11.2325	3.8415	0.001

注：*表示原假设在5%的统计水平上被拒绝。

根据协整检验的结果，变量 TRADE、EXPORT、IMPORT 与 STDCHINA、STDINTER 之间均存在着显著的协整关系，即 TRADE、EXPORT、IMPORT 与

STDCHINA、STDINTER 之间具有长期稳定的联系。能够反映相关变量之间这种长期稳定关系的协整方程报告在表 3－4 中。

表 3－4　相关变量的协整方程

变量	协整方程	R^2
TRADE 和 STDCHINA	TRADE ＝ 0.06064535168 * STDCHINA － 191.38092005 (0.00444)	0.85741
EXPOR 和 STDCHINA	EXPORT ＝ 0.032913699719 * STDCHINA － 105.76036336 (0.00250)	0.84813
IMPORT 和 STDCHINA	IMPORT ＝ 0.02773156602 * STDCHINA － 85.61706355 (0.00196)	0.86616
TRADE 和 STDINTER	TRADE ＝ 0.28051091473 * STDINTER ＋ 39.025385519 (0.012847)	0.93895
EXPORT 和 STDINTER	EXPORT ＝ 0.15262369780 * STDINTER ＋ 18.753225313 (0.00732)	0.93348
IMPORT 和 STDINTER	IMPORT ＝ 0.12788647779 * STDINTER ＋ 20.275801884 (0.00565)	0.94286

结合协整关系进一步分析，TRADE、EXPORT、IMPORT 与 STDCHINA 之间均存在正相关关系，表明颁布和实施国家标准正面影响了中国的进出口贸易总额、出口额和进口额，影响系数分别是 0.061、0.033 和 0.028。此外，TRADE、EXPORT 与 STDINTER 之间也存在着正向联系，表明积极采用国际标准也对中国的进出口贸易总额、出口额和进口额产生了正面作用，对应的影响系数依次为 0.281、0.153 和 0.128。在长期的均衡关系中，国家标准的增加推动了中国对外贸易的发展，国际标准对于中国进出口贸易规模的影响力度还要显著大于国家标准的作用程度。同时，不论是国家标准还是国际标准，它们对于中国出口额的影响程度都要高于对进口额的作用。

（2）误差修正模型（ECM）

假设两个变量 X 与 Y 之间存在长期稳定的均衡关系，并表示为：

$$Y_t ＝ \alpha_0 ＋ \alpha_1 X_t ＋ \mu_t \qquad (3.1.1)$$

由于现实经济中 X 与 Y 很少能够恰好位于均衡点上，通常观察到的只是变量之间的短期或者非均衡的关系。我们假设存在以下（1，1）阶的分布滞后形式，即：

$$Y_t = \gamma_0 + \gamma_1 X_t + \gamma_2 X_{t-1} + \beta Y_{t-1} + \varepsilon_t \tag{3.1.2}$$

模型（3.1.2）显示，第 t 期的 Y 值既受到 X 变化的影响，也取决于上一期（$t-1$ 期）X 和 Y 之间的状态。考虑到相关变量可能是非平稳的序列，不能直接采用普通最小二乘法进行回归。进一步对上述分布滞后模型进行变形，可以得到：

$$
\begin{aligned}
\Delta Y_t &= \gamma_0 + \gamma_1 \Delta X_t + (\gamma_1 + \gamma_2) X_{t-1} - (1 - \gamma) Y_{t-1} + \varepsilon_t \\
&= \gamma_1 \Delta X_t - \left[1 - \beta \left(Y_{t-1} - \frac{\gamma_0}{1-\beta} - \frac{\gamma_1 + \gamma_2}{1-\beta} X_{t-1} \right) + \varepsilon_t \right]
\end{aligned}
\tag{3.1.3}
$$

$$\text{或 } \Delta Y_t = \gamma_0 \Delta X_t - \delta(Y_{t-1} - \alpha_0 - \alpha_1 X_{t-1}) + \varepsilon_t$$

$$\Delta Y_t = \gamma_1 \Delta X_t - \delta ecm + \varepsilon_t \tag{3.1.4}$$

3.1.4 式说明，Y 的变化取决于 X 的变化以及上一时期的非均衡程度，通过引入误差修正项 ecm，对上一时期的非均衡程度做出了修正。

根据协整检验的结果，我们可以确定变量 TRADE、EXPORT、IMPORT 与 STDCHINA 之间，TRADE、EXPORT、IMPORT 与 STDINTER 之间存在着协整关系。因此，根据上述构建误差修正模型的基本原理，我们将第一步中得到的残差项作为非均衡项加入到回归方程中。在建立起误差修正模型以后，采用 OLS 回归方法对相应的参数进行估计。计量结果报告在表 3 - 5 中。

表 3 - 5　变量的误差修正模型

变量	误差修正模型	R^2
TRADE 和 STDCHINA	TRADE = 0.062920994638 * STDCHINA + 0.86570331537 * ECM1（-1）- 214.20242344	0.96181
EXPORT 和 STDCHINA	EXPORT = 0.033930078744 * STDCHINA + 0.85602768253 * ECME（-1）- 116.51960622	0.95872
IMPORT 和 STDCHINA	IMPORT = 0.02899522345 * STDCHINA + 0.87628119534 * ECMI（-1）- 97.715154744	0.96383
TRADE 和 STDINTER	TRADE = 0.27056545911 * STDINTER + 0.60847169701 * ECMII（-1）+ 50.724230440	0.95861

续表

变量	误差修正模型	R^2
EXPORT 和 STDINTER	EXPORT = 0. 14609112706 * STDINTER + 0. 62790349427 * ECMIIE （ -1） + 26. 122736372	0.95541
IMPORT 和 STDINTER	IMPORT = 0. 12438968966 * STDINTER + 0. 58839034644 * ECMIII （ -1） + 24. 687431892	0.96086

注：ECM（-1），ECME（-1），ECMI（-1），ECMII（-1），ECMIIE（-1）和 ECMIII（-1）分别表示 TRADE 和 STDCHINA，EXPORT 和 STDCHINA，IMPORT 和 STDCHINA，TRADE 和 STDINTER，EXPORT 和 STDINTER，IMPORR 和 STDINTER 等在第一步的协整关系检验中所得到的协整残差滞后一期的对应值，也即误差修正模型（ECM）的误差修正项。

以上误差修正模型（ECM）的结果进一步证实了在 TRADE、EXPORT、IMPORT 与 STDCHINA 之间，TRADE、EXPORT、IMPORT 与 STDINTER 等变量之间同时存在着短期均衡关系。误差修正模型（ECM）的 R^2 均提高到了 0.96 以上，模型的拟合优度非常高。

在上述误差修正模型里，误差修正项的系数都是正值，说明符合正向的修正机制，进出口贸易额与标准量之间存在的协整关系会对中国的对外贸易发展产生积极的调节作用。对于国家标准而言，这种调节效应为 0.866 > 0，表明滞后一期的非均衡误差将会以 0.866 的调节力度把非均衡状态向均衡状态进行调整。国家标准量对贸易总额的短期影响系数是 0.063，表示颁布和实施国家标准对进出口贸易总额产生了正面作用，有利于增加进出口贸易总额。这种短期的均衡关系同样存在于出口额、进口额和国家标准量之间，并且误差项 *ECME* 和 *ECMI* 都为正值，也遵循正向修正机制。出口额、进口额与国家标准量之间存在的长期协整关系会对中国的出口额和进口额产生正向调节作用，而滞后一期的非均衡误差将会分别以 0.856 和 0.876 的调节力度将非均衡状态向均衡状态进行调整。国家标准量对出口额、进口额都产生了正面的作用，影响系数分别是 0.034 和 0.029，这反映出颁布和实施国家标准推动了出口额和进口额的增长，而且对于出口额的影响程度更高。

再来看国际标准对贸易额的作用。根据表 3 - 5 显示，误差修正项 *ECMII* 仍然是正值，也符合正向修正机制。贸易额与国际标准量之间存在的协整关系将会对中国的对外贸易发展产生正向调节作用。对于国际标准而言，这种调节效应为 0.609，说明滞后一期的非均衡误差将会以 0.609 的调节力度将非均衡状态向均衡状态进行调整。国际标准对于进出口贸易总额的影响系数是 0.271，表明积极采用国际标准也有助于中国进出口贸易总额的增长。同时，出口额、进口额与国际标准量之间存在着短期均衡关系，$ECMIIE$ 和 $ECMIII$ 都为正值，也符合正向修正机制。出口额、进口额与国际标准量之间存在的协整关系将会对出口额、进口额产生正面的调节作用。调节效应分别为 0.628 和 0.589，说明滞后一期的非均衡误差会分别以 0.628 和 0.589 的调节力度将非均衡状态向均衡状态进行调整。积极采用国际标准也会对出口额、进口额生产正面的作用，影响系数分别是 0.146 和 0.124，表明国际标准量的增加推动了出口额和进口额的增加，并且对于前者的影响力度要更大。

3.1.3　主要结论

本小节利用了中国在 1978—2010 年间的时序数据考察了国家标准和国际标准对于中国进出口贸易的作用，主要关注在标准量变化与贸易额变化之间可能存在的长期均衡关系和短期均衡关系。研究显示：国家标准和国际标准都对中国进出口贸易的发展产生了正面的促进作用，并且后者的影响程度要更加显著：对于进出口总额而言，国家标准和国际标准的影响系数分别为 0.063 和 0.271；对于出口额的影响系数分别为 0.034 和 0.146；对于进口额的影响系数分别是 0.029 和 0.124。研究同时发现，在国家标准量与进出口贸易总额、出口额和进口额之间存在的长期均衡关系，以及国际标准量与进出口贸易总额、出口额和进口额之间存在的长期均衡关系都会对中国的对外贸易发展带来正面的调节作用，而且前者的调节力度高于后者，分别是 0.868、0.856 与 0.876，以及 0.609、0.628 与 0.588。此外，不论是国家标准还是国际标准，对于中国出口贸易额的影响力度都要更高。

本小节的研究成果为中国标准化建设推动进出口贸易发展的正面影响提供了初步的证据，对于促进标准化与贸易增长来讲具有重要的政策意义。首先，中国需要继续建设和发展国家标准体系，及时制定和修订更新国家标准，确保国家标准的数量和质量。其次，中国应积极采用经由 ISO、IEC 和 ITU 等国际标准组织制定的国际标准，经过 ISO 确认的国际标准和其他的国外先进标准，进一步提高国际标准在国家标准总量中所占的份额。最后，中国还应加强与这些国际标准制定组织的联系和交流，积极开展合作并参与制定国际标准的具体过程，为推动中国国家标准上升为国际标准打下坚实的基础。

3.2　标准对中国出口增长的影响

在上一小节中，我们发现无论是国家标准还是国际标准，对于出口总额的影响程度都要更大，因此有必要进一步考察标准对中国出口增长的影响。本小节借鉴了梁小珍等（2010）有关工程建设标准影响经济增长的实证方法。我们首先运用协整理论和 Granger 因果检验分析了标准与出口增长的关系，然后基于 Swann，Temple 和 Shurmer（1996）、Blind 和 Jungmittag（2001）的经验方法建立计量模型，并用岭回归（Ridge regression）方法修正了 OLS 回归中系数易受多重共线性影响的缺点，最后运用加入时间虚拟变量的方法检验了回归方程的结构稳定性①。实证结果表明：标准量变化是出口增长的 Granger 原因，标准对于出口增长具有显著的促进作用，这种影响在标准颁布实施后的一年内最大，此后逐渐减弱。在中国 2001 年加入 WTO 以后，标准对于出口增长的作用发生了显著改变。

3.2.1　标准与出口增长的关系

标准与出口增长之间的作用可能是相互的，即：颁布和实施国家标准有利于规范生产、提高产品质量，从而有助于扩大中国向世界的出口规模；另一方面，从长期来看出口增长也会对国家标准体系的建设和完善发挥正面的积极推动作用。为判断这种双向关系，有必要首先采用 Johnhansen 协整分析和 Granger 因果检验。我们用标准（STD）数量来反映标准体系的完善程度，用出口贸易额（EXPO）来衡量出口增长。相关数据分别从国家标准化管理委员会数据库以及《中国统计年鉴 2011》中检索获得，并且采用国内 CPI 指数剔除通货膨胀因素对出口贸易额的潜在影响。标准量的统计方法与研究样本期都与上一小节相同，为 1978 年—2010 年共计 33 年的现行标准。

---

① 本小节除岭回归部分采用统计软件 SPSS 19.0 之外，其余内容均采用 Eviews 6.0 计量软件。

（1）平稳性检验

我们采用 *ADF* 方法对出口贸易额（*EXPO*）与标准量（*STD*）进行如下的单位根检验，检验结果报告在表 3-6 中。

表 3-6　变量的平稳性检验

Variables	检验类别	*ADF* 检测值	WEX_{it} 值	主要结论
EXPO	$(c,t,5)$	2.8271*	1.000	非平稳
DEXPO	$(c,t,5)$	-4.8874***	0.002	平稳
STD	$(c,t,5)$	1.1421*	0.999	非平稳
DSTD	$(c,t,5)$	-3.7443**	0.034	平稳

注：EXPO 与 STD 分别代表中国的出口贸易额和相应的标准量，DEXP 与 DSTD 是出口贸易额和标准量的一阶差分。在（c, t, k）中，c 表示单位根检验的截距项，t 表示时间趋势项，k 是最大滞后阶数。选择 k 时遵循最小 AIC 准则。***，** 和 * 分别代表 1%，5% 和 10% 的显著性水平。

从平稳性检验的结果可以看出，出口贸易额（*EXPO*）与标准量（*STD*）都属于非平稳的时间序列，但它们的一阶差分序列均为平稳的时间序列。因此可以通过 Johnhansen 协整检验来考察变量序列之间是否存在着长期的均衡关系。

（2）协整关系检验

出口贸易额（*EXPO*）与标准量（*STD*）均属于一阶单整序列，因而可以采用 Johnhansen 协整关系检验。在检验中选取了无截距无趋势项，滞后阶数为一阶。检验的特征值与秩统计量报告在表 3-7 中。

表 3-7　变量的 **Johnhansen** 协整检验

Variables	是否存在协整关系	特征值	5% 的临界值	秩统计量	*p* 值
EXPO 和 *STD*	没有*	0.322	15.495	15.608	0.048
	至多一个协整关系	0.107	3.841	3.498	0.061

* 表示原假设在 5% 的显著性水平上被拒绝。

根据 Johnhansen 协整检验的结果判断，出口贸易额（*EXPO*）和标准量（*STD*）之间存在着显著的协整关系，即出口贸易额（*EXPO*）与标准量（*STD*）之间具有长期稳定的联系。

（3）Granger 因果检验

我们进一步采用 Granger 因果检验，判断出口贸易额（*EXPO*）和标准量（*STD*）两者之间可能具有的短期联系。因为 *EXPO* 与 *STD* 均为一阶平稳的时间序列，且变量间存在长期稳定的协整关系，Granger 因果检验可以直接对原变量进行。滞后的阶数从 1 取到 3，检验结果报告在表 3 – 8 中。

表 3 – 8 变量的 Granger 因果检验

Variables	零假设 H_0	滞后阶数	WIM_{it} 统计量	std_{it} 值	主要结论
EXPO 和 *STD*	*EXPO* 不是 *STD* 的 *Granger* 原因 *STD* 不是 *EXPO* 的 *Granger* 原因	1	9. 151 5. 367	0. 005 0. 028	拒绝 ** 拒绝 **
	EXPO 不是 *STD* 的 *Granger* 原因 *STD* 不是 *EXPO* 的 *Granger* 原因	2	4. 752 2. 493	0. 017 0. 102	拒绝 ** 接受 **
	EXPO 不是 *STD* 的 *Granger* 原因 *STD* 不是 *EXPO* 的 *Granger* 原因	3	2. 458 1. 476	0. 089 0. 247	拒绝 * 接受 **

注：***，** 和 * 分别代表在 1%，5% 和 10% 的统计水平上判断能否拒绝原假设。

我们根据 Granger 因果检验的结果来进行判断，在滞后一期的情况下，标准量的变化可以作为出口贸易额变化的 Granger 原因。但从滞后两期起，标准量的变化就不再成为出口贸易额变化的 Granger 原因了。这一结果证实标准量对出口贸易额的确存在影响，这种作用具有比较强的时效性。标准量变化对出口贸易额的作用在标准予以颁布和实施之后的一年内最为显著，在此之后逐渐减弱直至没有作用。依据标准经济学相关理论，一项标准从颁布、实施直到对具体的技术领域产生效应，需要经历一段时间。已经颁布和实施的标准在一定时间之后，也会被废止，不会再产生效力。因此，以上 Granger 因果检验的结果基本符合标准经济学理论。考虑到 Granger 因果检验并不能确定标准量影响出口贸易额的程度，以下我们进一步建立计量模型展开研究。

3.2.2 研究方法与实证结果

（1）计量模型、变量与数据

基于 Swann，Temple 和 Shurmer（1996）、Blind 和 Jungmittag（2001）在考

察标准影响对外贸易时采取的实证方法，本小节建立如下基本模型：

$$\ln(EXPO_t) = \gamma_0 + \gamma_1\ln(GDP_t) + \gamma_2\ln(PAT_t) + \gamma_3\ln(STD_t) + u_t$$

$$(3.2.1)$$

式中的 $EXPO_t$，GDP_t，PAT_t 与 STD_t 分别代表中国在 hv_std_{it} 年的出口贸易额、国内生产总值、专利申请受理数与标准量。为提高回归结果的稳定性，我们对变量进行了对数化操作。此外，u_t 是零均值，方差为 σ_u^2 的白噪声。研究所用的数据均为样本年的年度数据。出口贸易额和 GDP 数据整理自《中国统计年鉴 2011》，并且采用了国内 CPI 指数排除通货膨胀因素的干扰。专利申请受理数源自中国专利信息中心数据库，标准数据从国家标准化管理委员会（SAC）中检索得到。研究的样本期为 1978 年—2010 年。

标准量与专利申请受理数在一定程度上能够反映一国的 R&D 水平和科技进步，并作为衡量该国技术实力的重要指标。专利权具有保护发明创造的专有属性，而标准具有公共品的属性，与公共政策联系密切。一般认为，GDP 和专利申请数的增加都会有利于一国增加出口，而完善的标准化体系也将推动一国出口贸易的发展，因此可以预期模型（3.2.1）中各个变量的系数都应是正值。下面首先对模型进行回归，再根据变量的回归系数对标准影响出口增长的程度进行解释。

（2）标准影响出口增长的 OLS 回归与岭回归

我们首先采用普通最小二乘法（Ordinary Least Square，OLS）对模型（3.2.1）进行回归，回归结果和主要统计量报告在表 3-9 中。

表 3-9　标准影响出口增长的 OLS 回归结果

Variables	$LGDP$	$LPAT$	$LSTD$	常数项
回归系数	1.153	-0.001	0.200	-4.441
t 值	23.090	-0.057	2.732	-15.067
p 值	0.000	0.955	0.011	0.000

R^2	0.995	经调整后的 R^2	0.995
F 统计量	1998.636	F 统计量的 p 值	0.000
残差平方和	0.646	$D-W$ 统计量	0.855

上表的结果显示，经调整后的 R^2 高于 0.99，F 统计量 p 值为 0.000，表明自变量的变动能够较好的解释因变量的变动，模型的拟合优度很高。在 0.05% 的统计水平上，$LGDP$ 和 $LSTD$ 的回归系数都能够通过显著性检验。标准量 $LSTD$ 的回归系数为 0.2，表示当标准量提高 1% 时，能够带来出口额 0.2% 的增长，该系数与上述理论估计的结果相符。但是，专利申请受理数 $LPAT$ 的回归系数没有通过显著性检验，并且为负值，与理论预期不一致。这种情况有可能是数据之间存在共线性造成的，判断变量之间共线性的相关系数和 VIF 条件指数报告在表 3-10 中。

表 3-10　变量之间的相关系数和条件指数

Variables	$LEXPO$	$LGDP$	$LPAT$	$LSTD$
$LEXPO$	1.000	—	—	—
$LGDP$	0.996	1.000	—	—
$LPAT$	0.870	0.848	1.000	—
$LSTD$	0.948	0.929	0.949	1.000

Variables	$LGDP$	$LPAT$	$LSTD$
VIF 条件指数	8.01	11.09	22.81
VIF 均值	13.97		

从表 3-10 中可以看出，$LGDP$、$LPAT$ 与 $LSTD$ 的相关系数很高。$LPAT$ 和 $LSTD$ 的方差膨胀因子（VIF 条件指数）大于 10，表明变量之间的共线性非常强。在变量间存在着较强的多重共线性的情况下，普通 OLS 回归无法保证最终结果的稳定性。同时，参数方差还将随着多重共线性程度的提高进一步上升到很高水平，这会直接影响 OLS 回归的有效性和可靠程度。因此，下面我们改用岭回归方法（Ridge Regression）对模型（3.2.1）重新估计，以修正共线性会给参数估计带来的不利影响。从图 3-3 可以看出，变量的回归系数值在 $k = 0.07$ 时基本趋于稳定状态。我们确定 0.07 为岭回归的 k 值，回归结果和统计量报告在表 3-11 中。

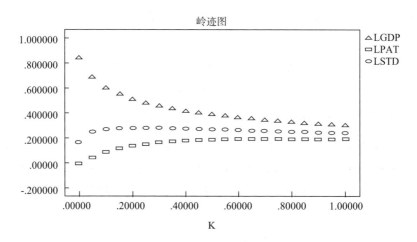

图 3 - 3　标准影响出口增长的岭迹图

表 3 - 11　标准影响出口增长的岭回归结果（$k = 0.07$）

Variables	$LGDP$	$LPAT$	$LSTD$	常数项
系数	0.891	0.026	0.315	- 4.117
t 值	22.238	2.190	9.322	- 19.215
p 值	0.000	0.037	0.000	0.000

R^2	0.989	调整后的 R^2	0.987
F 统计量	835.587	F 统计量的 p 值	0.000
残差平方和	1.536		

　　上表所列结果显示，经过调整后的 R^2 为 0.987，说明模型能够解释因变量变化的 98.7%，F 统计量的 p 值为 0.000，表明模型的拟合优度较高。查表可知自由度为 29，显著性水平为 0.05 的双边检验临界值 $gdpChina_t$，所有变量回归系数的 t 值的绝对值均超过临界值，因此通过了 5% 统计水平的显著性检验。变量的回归系数都为正值，也与经济学理论一致。从残差平方和来看，岭回归的残差平方和与普通 OLS 估计的结果相差不大。与普通 OLS 回归相比，岭回归的估计结果显然更好。根据岭回归的估计结果，我们得到以下回归方程：

$$\ln(EXPO_t) = -4.117 + 0.891\ln(GDP_t) + 0.026\ln(PAT_t) + 0.315\ln(STD_t)$$

$$(3.2.2)$$

从方程（3.2.2）可以看出，在 1978 年—2010 年间，标准对于出口增长的贡献度约为 0.315，也即在保持其他因素不变的前提下，标准量增加 1 个百分点，相应的出口额将增加 0.315 个百分点。颁布和实施标准有利于推动中国出口贸易规模的增长，并且标准对出口增长的作用要比专利更加显著。如果进一步考虑到标准不仅能够直接影响具体的技术，也会通过规模经济效应和网络外部性等影响其他重要的经济和社会因素，可以认为标准对中国出口增长的贡献会更高。

（3）回归方程的结构稳定性检验

从 1978 年到 2010 年的 33 年间，中国的经济、社会发展历经巨大的变化，2001 年加入 WTO 是这一时期影响深远的代表性历史事件。在此期间，标准对中国出口增长的作用可能也发生了结构性的变化。如果存在反映结构性变化的结构断点，将 1978 年—2010 年作为一个时期进行回归可能是不恰当的。为了找到可能为结构断点的年份，我们在回归方程（3.2.1）中加入一个时间虚拟变量，扩展后的模型为：

$$\ln(EXP_t) = \gamma_0 + \gamma_1\ln(GDP_t) + \gamma_2\ln(PAT_t) + \gamma_3\ln(STD_t) + wto_\delta + u_t$$

$$(3.2.3)$$

其中，wto_δ 为新加入的时间虚拟变量，其他变量的意义保持不变。为检验年份 δ 是否为结构断点，虚拟变量 wto_δ 在 1978 年至 δ 年取值为零，δ 年至 2010 年取值为 1。如果回归结果中该虚拟变量的系数显著的不为零，则说明 δ 年为结构断点。与（2）的研究方法一致，我们首先采用普通 OLS 回归方法对模型（3.2.3）进行分析，若发现变量之间存在着较强的多重共线性，则进一步改用岭回归方法重新进行估计，岭回归的 k 值根据选取岭参数的基本原则加以确定。回归结果报告在表 3 - 12 中。

查表知自由度为 28，显著性水平为 0.05 的双边检验临界值 $t_{0.05}(28) = 2.048$。对比 OLS 回归和岭回归的估计结果可以发现，在 OLS 回归中不显著的系数，在改用岭回归方法后变成显著，证实后一种方法的估计结果更好。虚拟变量 wto_δ 在 $\delta = 2001$ 时系数显著为正，说明 2001 年是一个结构断点，标准对中国出口增长的作用在 2001 年前后发生了结构性变化。结合 2001 年中国加入 WTO 的历史事件进行分析，这种变化可能与中国为履行 WTO/TBT 协定承诺而加快了建设国家标准化体系的进程有关。

表 3-12   方程的结构稳定性检验（$\delta = 2001, k = 0.08$）

		岭回归		OLS 回归	
		系数	t 值	系数	t 值
变量名	LGDP	0.682	17.223	0.069	15.238
	LPAT	0.038	3.312	-0.003	-0.164
	LSTD	0.343	11.293	0.253	0.075
	wto	0.639	6.158	0.191	1.930
	常数项	-3.429	-14.626	-4.355	-15.264
方程统计量	调整后 R^2	0.987		0.995	
	F 统计量	604.630		1640.670	
	F 统计量 p 值	0.000		0.000	
	残差平方和	1.363		0.571	

3.2.3 结论

本小节实证研究了标准对中国出口增长的作用，主要结论有三点：一，标准量的变化是中国出口贸易额增长的 Granger 原因，前者对后者的效应的确存在并表现出较强的时效性。在颁布和实施一项标准之后的一年内，这种作用最为显著，在此之后会减弱直到不再发挥效力。二，岭回归的估计结果进一步证实了标准对于中国出口增长的正面作用。在研究的样本期内，当标准量增加 1% 时，会带来中国出口贸易额约 0.3% 的增长。三，中国加入 WTO 前后，标准对中国出口增长的效应经历了显著的结构性变化。

以上结论为标准影响中国出口增长提供了基于时序数据的经验证据，政策含义在于：首先，中国应保障国家标准在数量上实现稳步增长，并不断提高标准的质量水平。其次，中国应明确国家标准发挥效力的周期，提高编制、修订、确认和废止标准的效率，确保国家标准颁布和实施的时效性。最后，中国应为出口贸易企业提供追踪国内外标准化发展动态的信息服务，将标准的出口促进效应落实到微观层面，确保贸易企业能够获得来自标准化实践的潜在收益。

3.3　标准对中国对外贸易的影响

运用中国 1990 年—2010 年基于 ICS 分类的面板数据，本小节实证分析了标准的贸易效应，证实了国家标准、国际标准对于中国对外贸易发展具有重要作用。通过对标准不同特征的分类，本小节发现：中国采用的国际标准，特别是自愿性国际标准积极推动了中国对外贸易的发展，并有利于增加中美贸易盈余。

与已有研究相比，本小节的边际贡献在于：一，参考 Blind 和 Jungmittag（2005）在实证研究德国各类标准的贸易效应时所采取的数据处理方法，按照国际分类标准（ICS）划分 33 个产业部门，建立了包括 1990 年—2010 年中国各类标准量和进、出口贸易额的 ICS 分类面板数据。二，在受到 Mangelsdorf（2011）有关研究启发的基础上，本小节将标准按照效力不同进一步划分为强制性国家标准、自愿性国家标准、强制性国际标准以及自愿性国际标准，首次实证考察了这四类标准对于中国对外贸易发展的作用是否存在明显差异。最后，本小节的结论更具针对性，可以为建设标准化体系和加快对外贸易发展提供参考。

3.3.1　国家标准、国际标准与对外贸易的理论假说

在第 2 章有关标准贸易效应文献回顾的基础上，我们根据已有研究结论总结出一系列的理论假说，并在下一部分进行检验。

（1）国家标准与进出口贸易

国家标准对于贸易的影响并不清晰，已有的实证文献也没有提供一致结论（Swann，2010）。出口国的国家标准为本国产品发挥了质量信号的作用，如果出口国的国家标准代表了较高的质量水准并且受到进口国消费者的信任与认同，那么出口国的国家标准可以有效地促进出口。在国家标准推动出口贸易方面，很典型的例子是德国标准和日本标准。自 20 世纪 80 年代起，德国标准、

日本标准就成为高质量的代表。符合这些标准的产品被认为具有很高的品质，受到世界范围内消费者的普遍认可。另一方面，国家标准更多地考虑了本国的自然条件、历史传统与人文因素。如果出口国的国家标准仅反映了本国消费者的偏好，而这种偏好与进口国的消费者偏好或市场需求差异较大时，出口国的国家标准会不利于本国产品进入国外市场。关于出口国的国家标准可以归纳出以下两个理论假说：

假说 1-a：出口国的国家标准量越多，出口规模越大；

假说 1-b：出口国的国家标准量越多，出口规模越小。

从进口国角度来看，进口国的国家标准可以为国外企业进入本国市场提供有价值的信息，理论上来说会通过降低交易成本进而促进贸易。但如果国外企业遵循进口国标准的成本过高，国外企业可能会选择减少出口量或商品种类，甚至退出这一市场。我们提出以下有关进口国的国家标准与进口规模之间的理论假说：

假说 1-c：进口国的国家标准量越多，进口规模越大；

假说 1-d：进口国的国家标准量越多，进口规模越小。

（2）国际标准与贸易规模

与国家标准相比，国际标准通常表现出贸易促进效应（Swann，2010）。采用国际标准意味着掌握了国际通用的技术语言，可以为贸易各方发出一致的质量信号，有利于出口国企业进入国际市场，同时可以减少国外企业为适应本国市场需要承担的额外的标准遵循成本。由此，我们提出以下关于国际标准与贸易规模的假说。

假说 2-a：出口国的国际标准量越多，出口规模越大；

假说 2-b：进口国的国际标准量越多，进口规模越大。

下面我们利用 1990 年—2010 年中国标准量和贸易额的面板数据对上述假说进行实证检验。

3.3.2　数据

本小节使用了国家标准化管理委员会网站（"国家标准目录查询数据库"）的有关数据，该数据库提供了国家标准号、标准属性、ICS 代码、采用国际标准号以及采用程度等重要信息。中国标准包括中国自主编写的国家标准，即中国特有的国家标准，以及在采用国际标准和国外先进标准基础上制定的国家标准，即中国的国际标准。根据国家标准在执行效力上的不同，标准又可以进一步划分为强制性国家标准以及推荐性国家标准两种类别。其中，强制性标准必须执行。推荐性标准在一定程度上更加符合 WTO/TBT 协定等对于"标准"的定义，即非强制执行的自愿文件。因此，本小节中提及的自愿性标准，是国家标准化管理委员会国家标准目录查询数据库中的推荐性标准。中国对外贸易的数据为样本年的真实值，检索整理自 UN Comtrade 数据库。OECD 成员国以及美国和中国的国内生产总值数据（2000 年不变美元价格），中国的对外贸易价格指数等从世界银行 WDI 数据库中整理计算得到。中国的专利申请量数据检索自国家知识产权局网站。为了统计口径以及数据的可获得性，本小节的研究时段为 1990 年—2010 年。

借鉴国外已有研究并考虑到贸易数据的可获得性，我们依据国际分类标准（ICS）划分产业部门，建立国际分类标准（ICS）代码和标准国际贸易分类（SITC second edition）编码之间的对应关系，然后合并、归类相关技术领域的标准量数据与贸易额数据。按照 ICS 分类的 33 个产业部门报告在表 3-13 中。

表 3-13　国际标准分类（ICS）与标准国际贸易分类（SITC2）的编码对应表

No.	ICS 分类组	ICS 代码	SITC 代码（第 2 版）
1	健康卫生技术	11	774，872
2	计量与测量	17	873
3	测试	19	874
4	机械系统	21	694
5	流体系统	23	742，743
6	制造工程	25	695，696，736，737
7	能源，热传导工程	27	351，711，712，718
8	电气工程	29	693，716，771，772，773，778
9	电子学	31	776
10	电信学	33	761，762，763，764
11	信息技术，办公设备	35	751，752，759
12	成像技术	37	871，881，882，883，884
13	精密机械，珠宝	39	667，885，897
14	道路车辆工程	43	781，782，783，784，785

续表

No.	ICS 分类组	ICS 代码	SITC 代码（第 2 版）
15	造船，船舶结构	47	793
16	飞机，航天器工程	49	792
17	包装，配送货物	55	692，893
18	纺织和皮革技术	59	21，26，61，65，724
19	服装工业	61	842，843，844，845，846，847，848，851
20	农业	65	00，03，08，12，56，271，721，722，941
21	食品技术	67	01，02，04，05，06，07，09，11，22，41，42，43，727
22	化工技术	71	51，52，55，57
23	采矿，矿产品	73	32
24	土木工程	93	723
25	冶金学	77	274，28，67，68
26	木材技术	79	24，63
27	玻璃/陶瓷工业	81	664，665，666
28	橡胶/塑料工业	83	23，58，62
29	造纸技术	85	25，64，725，726
30	涂料/颜料工业	87	53
31	建筑材料，建筑物	91	273，278，661，662，691，812
32	军事工程	95	951
33	家用，文娱，体育	97	697，775，821，831，898

图 3 - 4 和图 3 - 5 分别描述了自 1989 年以来国家标准和国际标准增长的趋势，以及 2010 年 33 个 ICS 分类组的标准构成特征。从图 3 - 4 可以看出，国家标准量与国际标准量都呈现出快速增长的趋势，特别是在 2001 年加入 WTO 以后，上升趋势更为显著。标准总量中国际标准所占比重也自 2001 年以来大幅上升，这一比例在 1990 年时为 35.8%，2010 年则已经接近于 50%。[①] 从图 3 - 5 来看，2010 年"冶金学"组标准量最多，达到 1713 条，包括 1203

---

① 根据刘青春等（2012）的研究，英国目前大多是将国际标准和欧洲标准转化为国家标准，这两类标准已经占到国家标准总数的 90% 左右。

条国家标准，510 条国际标准。"农业""食品技术""电气工程""制造工程"
"化工技术"和"信息技术、办公设备"等组别的标准量都超过了 1000 条。
标准量较少的包括"土木工程""精密机械、珠宝""飞机、航天器工程"和
"军事工程"等，各组别的标准量均不到 60 条。在国际标准占比上，"飞机、
航天器工程"组的国际化水平最高，达到 71%。"玻璃/陶瓷工业"，"成像技
术""电气工程""测试"和"计量与测量"等组别都在 60% 以上。"信息技
术、办公设备""制造工程""流体系统""服装工业""电子学""电信学"
"橡胶/塑料工业""纺织和皮革技术"以及"道路工程车辆"等组别的国际化
水平也超过了 50%。这一比例较低的是"农业""食品技术"和"建筑材料、
建筑物"等组别，其中"建筑材料、建筑物"组的国际化水平最低，仅
有 14%。

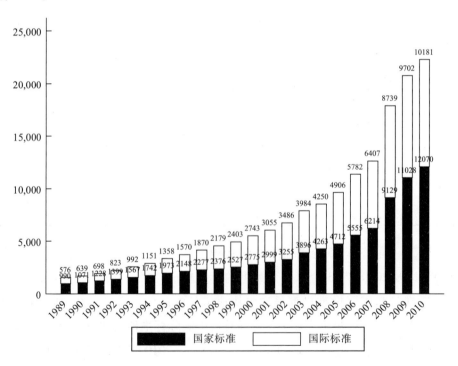

图 3-4　中国标准量（1989—2010）单位：项

数据来源：国家标准化管理委员会。

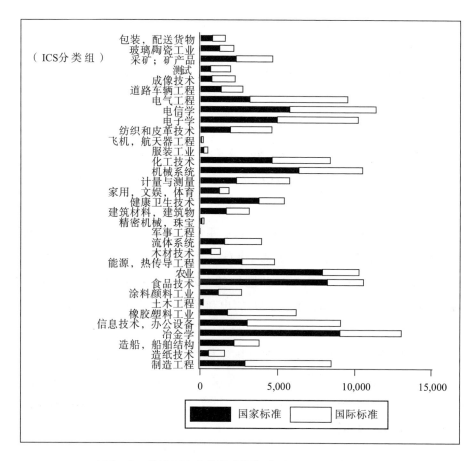

图 3 - 5　基于 ICS 分类的中国标准量（2010）单位：项

数据来源：国家标准化管理委员会。

3.3.3　标准对中国对外贸易①的影响

（1）计量模型

借鉴 Blind 和 Jungmittag（2005）、Mangelsdorf（2011）的实证方法，我们构造如下出口模型和进口模型：

---

① 指中国与世界上 200 多个国家和地区的贸易往来。

$$\ln(WEX_{it}) = a_{oi} + a_1 std_{it} + a_2 n\_ std_{it} + a_3 h\_ std_{it}$$
$$+ a_4 nm\_ std_{it} + a_5 nv\_ std_{it} + a_6 hm\_ std_{it} + a_7 hv\_ std_{it}$$
$$+ a_8 \ln(pex_t/pim_t) + a_9 \ln(gdpOECD_t) + a_{10} \ln(cpatent_t) + a_{11} wto_t + \varepsilon_{it}$$

$$(3.3.1)$$

$$\ln(WIM_{it}) = a_{oi} + a_1 std_{it} + a_2 n\_ std_{it} + a_3 h\_ std_{it}$$
$$+ a_4 nm\_ std_{it} + a_5 nv\_ std_{it} + a_6 hm\_ std_{it} + a_7 hv\_ std_{it}$$
$$+ a_8 \ln(pex_t/pim_t) + a_9 \ln(gdpChina_t) + a_{10} \ln(cpatent_t) + a_{11} wto_t + \varepsilon_{it}$$

$$(3.3.2)$$

其中，i 表示各个 ICS 分类组别，t 表示年份。WEX_{it} 代表中国在时期 t 向世界上 200 多个国家出口的第 i 组产品，WIM_{it} 为中国在时期 t 从世界进口的第 i 组产品。$gdpOECD_t$ 为 OECD 国家在时期 t 的 GDP，$gdpChina_t$ 为中国在时期 t 的 GDP；pex_t/pim_t 为中国在时期 n_std_{it} 的出口价格指数与进口价格指数之比。n_std_{it} 为中国特有的国家标准，h_std_{it} 为中国采用的国际标准，nm_std_{it} 代表强制性国家标准，nv_std_{it} 代表自愿性国家标准，hm_std_{it} 代表强制性国际标准，hv_std_{it} 代表自愿性国际标准。wto_t 是反映中国成为 WTO 成员国的虚拟变量。$cpatent_t$ 代表中国在时期 t 所拥有的专利数量。a_{0i} 表示 ICS 分类技术组 i 的固定效应，ε_{it} 是误差项。

（2）实证结果

所有变量的描述性统计见表 3.3.2。我们对主要变量进行对数化操作以避免较大数值对估计结果产生偏误，并赋予回归系数以弹性的含义。由于样本中标准量的最小值为零，我们对所有标准变量加上 1 再取对数。这一处理方法会使得变量的均值增加 1 单位，但并不影响方差，也保证了观察值的个数。此外，我们对模型进行了 model specification link test，结果没有拒绝条件均值设定正确的零假设。这也证明本书的模型设定是正确的。

本小节利用 STATA11.2 对反映标准影响中国对外贸易的总需求方程进行回归。（3.3.1）—（3.3.2）式的实证结果分别汇报在表 3.3.3 和表 3.3.4 中。为了避免 OLS 回归可能引起的偏误，我们在第（1）列—第（3）列使用固定效应进行面板回归。由于面板数据的横截面个数大于时序个数，误差项可能存在着序列相关或异方差等复杂结果。因此第（4）列和第（5）列进一步使用了面板修正标准误（Panel Corrected Standards Errors，PCSE）的回归方法。PCSE 方法由 Beck 和 Katz（1995）提出，对面板数据模型的估计方法做出了创新，影响也较大。本小节分别应用 Pesaran（2004）和 Wooldridge（2003）的方法检验截面相关和序列相关，并根据检验结果采用了 AR（1）回归结构。第（3）列和第（5）列加入了中国的专利申请量作为反映技术实力的控制变量。本小节主要基于 PCSE 方法的回归结果展开讨论。

我们首先分析出口方程的回归结果。第（1）列显示，国际标准的数量上升则正面推进了中国的进出口贸易增长。在 1% 的显著性水平上，若中国特有的国家标准增加 1%，中国的出口贸易会减少 0.1%；若国际标准增加 1%，中国的出口贸易会增加 0.3%。第（2）列显示，自愿性国家标准、强制性国际标准分别在 1% 和 10% 的显著性水平上表现出贸易抑制效应。第（3）列加入了专利申请量以控制技术水平，结果与第（2）列一致。我们进一步使用 PCSE 方法控制异方差、截面相关和序列自相关可能对回归结果产生的偏误，第（4）列和第（5）列的结果表明，自愿性国家标准和强制性国际标准并没有抑制贸易。此外，自愿性国际标准在所有的回归结果中都表现出一致的贸易促进效应，自愿性国际标准增加 1%，中国向世界的出口贸易会增加 0.1%—0.4%。综合以上，出口方面的实证结果基本支持了以上提出的理论假说 1 - b 和 2 - a。中国的国家标准更多地反映了本国消费者的偏好和市场需求，但在国际市场上没有充分发挥正面的质量信号作用，未能获得国外市场的广泛认可，从而负面影响了中国的出口贸易。假说 2 - a 得到了实证结果的一致支持，我们认为中国采用的国际标准和国外先进标准有利于中国企业与国际市场接轨，是促进本土企业融入对外贸易、参与全球竞争的桥梁和纽带。

从进口方面来看，国际标准表现出显著的进口促进效应。在 1% 的显著性水平上，国家标准增加 1%，中国来自世界的进口会减少 1%；国际标准增加 1%，中国来自世界的进口会增加 0.2%。与出口方程的结果比较，国际标准对于出口的促进作用要大于对进口的促进作用。自愿性国际标准具有显著的进口促进作用，自愿性国际标准增加 1%，中国来自世界的进口会增加 0.1%—0.2%。这些实证结果支持假说 1 - d 和假说 2 - b。尽管国家标准可以为外国企业提供有关中国市场的有价值的信息，但与过高的标准遵循成本相比，国家标准在一定程度上对中国来自世界的进口形成了贸易壁垒。

表 3 - 14　变量的描述性统计 （中国对外贸易）

Variable	Obs	Mean	Std. Dev.	Min	Max
Dependent variables					
WEX_{it}	693	13	27.3	0	206
WIM_{it}	693	10.2	21.8	0	208
Independent variables					
$gdpOECD_t$	693	25600	3600	20100	30700
$gdpChina_t$	693	1440	821	445	3250
pex_t/pim_t	693	1.031	0.087	0.804	1.194
n_std_{it}	726	117.347	179.051	0	1422
h_std_{it}	726	106.741	143.434	0	1084
nm_std_{it}	726	16.008	37.351	0	253
hm_std_{it}	726	7.584	20.307	0	254
nv_std_{it}	726	100.973	157.662	0	1240
hv_std_{it}	726	98.380	130.105	0	814
$cpatent_t$	693	269535.8	251720.2	35655	861468
wto_t	726	0.455	0.498	0	1

表 3 - 15　标准对于中国出口的贸易效应的面板估计 （被解释变量：WEX_{it}）

variables	(1) Panel	(2) Panel	(3) Panel	(4) PCSE	(5) PCSE
$gdpOECD_t$	6.087*** (23.50)	6.612*** (18.15)	2.554*** (2.85)	6.651*** (6.79)	5.125*** (3.60)
pex_t/pim_t	-1.265*** (3.85)	-1.463*** (4.42)	-0.227 (0.55)	-0.507 (0.75)	-0.631 (0.95)
n_std_{it}	-0.001*** (4.50)				

续表

variables	(1) Panel	(2) Panel	(3) Panel	(4) PCSE	(5) PCSE
h_std_{it}	0.003*** (7.47)				
nm_std_{it}		0.003 (1.36)	0.003 (1.60)	0.002 (1.05)	0.001 (0.86)
nv_std_{it}		−0.002*** (4.23)	−0.002*** (5.04)	0.000 (0.39)	−0.000 (0.01)
hm_std_{it}		−0.003* (1.87)	−0.004* (1.94)	0.000 (0.06)	0.000 (0.20)
hv_std_{it}		0.004*** (7.83)	0.003*** (7.38)	0.002*** (2.65)	0.001* (1.91)
wto_t		−0.274*** (2.93)	−0.393*** (4.14)	−0.010 (0.08)	−0.042 (0.36)
$cpatent_t$			0.813*** (4.95)		0.316 (1.45)
Constant	−166.337*** (20.85)	−182.468*** (16.29)	−66.873*** (2.59)	−183.850*** (6.09)	−140.484*** (3.35)
R^2	0.78	0.79	0.80	0.88	0.88
N	691	691	691	691	691

注：*，**，***分别表示 10%、5% 和 1% 的显著性水平。（1）－（3）使用固定效应面板回归，（4）－（5）使用 PCSE 估计方法并使用 AR（1）回归结构。（3）－（5）加入专利申请量作为控制变量。

表 3-16　标准对于中国进口的贸易效应的面板估计（被解释变量：WIM_{it}）

variables	(1) Panel	(2) Panel	(3) Panel	(4) Panel	(5) Panel
$gdpChina_t$	1.522*** (19.29)	1.405*** (13.70)	1.213* (1.92)	1.201*** (4.79)	2.140*** (2.95)
pex_t/pim_t	0.097 (0.25)	0.212 (0.55)	0.323 (0.61)	-0.619 (0.92)	-1.406** (2.19)
n_std_{it}	-0.001*** (2.66)				
h_std_{it}	0.002*** (4.17)				
nm_std_{it}		-0.003 (1.39)	-0.003 (1.39)	0.000 (0.17)	0.002 (1.08)
nv_std_{it}		-0.000 (0.55)	-0.000 (0.56)	0.000 (0.89)	-0.001 (1.24)
hm_std_{it}		-0.003 (1.28)	-0.003 (1.27)	-0.000 (0.34)	0.000 (0.04)
hv_std_{it}		0.002*** (3.88)	0.002*** (3.86)	0.002** (2.27)	0.001* (1.66)
wto_t		0.168 (1.74)*	0.134 (0.91)	0.029 (0.22)	-0.012 (0.10)
$cpatent_t$			0.142 (0.31)		-0.350 (0.78)
Constant	-20.891*** (9.62)	-17.734*** (6.32)	-14.086 (1.15)	-12.266* (1.78)	-33.845** (2.22)
R^2	0.68	0.69	0.69	0.85	0.88
N	691	691	691	691	691

注：*，**，***分别表示 10%、5% 和 1% 的显著性水平。（1）-（3）使用固定效应面板回归，（4）-（5）使用 PCSE 估计方法并使用 AR（1）回归结构。（3）-（5）加入专利申请量作为控制变量。

3.3.4　标准对中美双边贸易的影响

（1）计量模型

中美之间的贸易关系源远流长，一直呈现出稳步增长的态势。自 2001 年中国加入 WTO 之后，中美贸易发展进程加快。根据商务部统计数据显示：从 2007 年以来，中国已经成为美国出口贸易增长最快的市场。2011 年，中美两国的双边贸易额接近于 4470 亿美元。其中，美国向中国的出口额超过 1000 亿美元，同比增长近 20%。[①] 两国互为彼此重要的贸易伙伴，而中美之间巨大的贸易盈余也日益受到各方的普遍关注。

在以下部分，我们仍然以 Blind 和 Jungmittag（2005）以及 Mangelsdorf（2011）的模型设定方法为基础建立实证方程，并加入了反映中美贸易盈余的进出口方程，模型的其他设定与以上对外贸易模型一致，形式如下：

$$
\begin{aligned}
\ln(BEX_{it}) = {} & a_{oi} + a_1 std_{it} + a_2 n\_std_{it} + a_3 h\_std_{it} \\
& + a_4 nm\_std_{it} + a_5 nv\_std_{it} + a_6 hm\_std_{it} + a_7 hv\_std_{it} \\
& + a_8 \ln(pex_t/pim_t) + \ln a_9 \ln(gdpUS_t) + a_{10} \ln(cpatent_t) + a_{11} wto_t + \varepsilon_{it}
\end{aligned}
$$

$$(3.3.3)$$

$$
\begin{aligned}
\ln(BIM_{it}) = {} & a_{oi} + a_1 std_{it} + a_2 n\_std_{it} + a_3 h\_std_{it} \\
& + a_4 nm\_std_{it} + a_5 nv\_std_{it} + a_6 hm\_std_{it} + a_7 hv\_std_{it} \\
& + a_8 \ln(pex_t/pim_t) + a_9 \ln(gdpChina_t) + a_{10} \ln(cpatent_t) + a_{11} wto_t + \varepsilon_{it}
\end{aligned}
$$

$$(3.3.4)$$

$$
\begin{aligned}
\ln(BEX_{it} - BIM_{it}) = {} & a_{oi} + a_1 std_{it} + a_2 n\_std_{it} + a_3 h\_std_{it} \\
& + a_4 nm\_std_{it} + a_5 nv\_std_{it} + a_6 hm\_std_{it} + a_7 hv\_std_{it} \\
& + a_8 \ln(pex_t/pim_t) + a_9 \ln(gdpUS_t) + a_{10} \ln(cpatent_t) + a_{11} wto_t + \varepsilon_{it}
\end{aligned}
$$

$$(3.3.5)$$

其中，BEX_{it} 表示中国在 t 年向美国出口的第 i 类产品，BIM_{it} 表示中国在 t 年从美国进口的第 i 类产品，$BEX_{it} - BIM_{it}$ 表示中国在 t 年第 i 类产品向美国的

[①]　相关内容参见中华人民共和国商务部网站，网址：http://www.mofcom.gov.cn.

净出口。$gdpUS_{it}$ 表示美国在 t 年的 GDP。其余变量的含义均与上一部分完全一致。

（2）实证结果

主要变量的描述性统计汇报在表 3-17 中。

表 3-17　变量的描述性统计（中美双边贸易）

Variable	Obs	Mean	Std. Dev.	Min	Max
Dependentvariables					
BEX_{it}	693	2.43	6.27	0	64.1
BIM_{it}	693	0.88	1.47	0	13.5
$gdpUS_t$	693	9540	1630	7040	11700
$gdpChina_t$	693	1440	821	445	3250
pex_t/pim_t	693	1.030635	0.086761	0.8043478	1.193548
Independent variables					
n_std_{it}	726	117.3471	179.0505	0	1422
h_std_{it}	726	106.741	143.434	0	1084
nm_std_{it}	726	16.00826	37.35108	0	253
hm_std_{it}	726	7.584022	20.30683	0	254
nv_std_{it}	726	100.9725	157.6622	0	1240
hv_std_{it}	726	98.38017	130.1047	0	814
$cpatent_t$	693	269535.8	251720.2	35655	861468
wto_t	726	0.4545455	0.4982729	0	1

利用 STATA11.2，我们对反映中美双边贸易的需求方程（3.3.3）—（3.3.5）进行回归，表 3-18 报告了采用固定效应面板回归的计量结果。①

从出口来看，第（1）列的回归结果显示，对于中美双边贸易而言，国际标准表现出促进了贸易。当国家标准增加 1% 时，中国向美国的出口贸易会减少 0.1%。当国际标准增加 1% 时，中国向美国的出口贸易会增长 0.2%。第

---

① 我们也采用 PCSE 方法对反映标准影响中美双边贸易的模型进行了分析，回归结果与面板方法一致。限于篇幅，这里仅汇报了面板回归结果。

（2）列和第（3）列表明，当强制性国家标准的数量增加 1 个百分点时，中国对美国的出口贸易将会增长约 0.5%。与此同时，自愿性国家标准没有促进中国对美国的出口贸易。当自愿性国家标准的数量增加 1 个百分点时，中国对美国的出口贸易将会减少约 0.2%。自愿性国际标准有利于扩大中国对美国的出口贸易。在 1% 显著性水平上，当自愿性国际标准的数量增加 1 个百分点时，中国对美国的出口会增加 0.2%—0.3%。在进口方面，第（4）列的回归结果显示，当强制性国家标准增加 1 个百分点时，中国来自美国的进口贸易将会减少约 0.8%。从中美贸易盈余来看，第（5）列显示：自愿性国际标准有利于增加中国向美国的净出口。在 5% 的显著性水平上，当自愿性国际标准增加 1% 时，中国向美国的净出口会增加 0.3%。中美双边贸易提供的结果支持了假设 1 - b、假设 1 - d 以及假设 2 - a、2 - b，与上一部分关于标准影响中国对外贸易的结论一致。

表 3 - 18　标准对于中美双边贸易的影响（被解释变量：BEX_{it}、BIM_{it}、$BEX_{it} - BIM_{it}$）

variables	(1) BEX_{it}	(2) BEX_{it}	(3) BEX_{it}	(4) BIM_{it}	(5) $BEX_{it} - BIM_{it}$
$gdpUS_t$	7.258*** (27.28)	7.803*** (21.06)	3.739*** (4.17)		
$gdpChina_t$				1.483* (1.69)	3.057** (2.22)
pex_t/pim_t	-0.121 (0.28)	-0.465 (1.07)	1.609*** (2.69)	0.875 (1.20)	1.755 (1.64)
n_std_{it}	-0.001** (1.97)				
h_std_{it}	0.002*** (3.70)				
nm_std_{it}		0.005** (2.01)	0.006** (2.25)	-0.008*** (2.76)	0.003 (0.40)
nv_std_{it}		-0.002*** (3.02)	-0.002*** (3.81)	0.001 (1.62)	-0.001 (0.84)

续表

variables	(1) BEX_{it}	(2) BEX_{it}	(3) BEX_{it}	(4) BIM_{it}	(5) $BEX_{it} - BIM_{it}$
hm_std_{it}		-0.004 (1.44)	-0.004 (1.51)	-0.001 (0.38)	-0.004 (1.10)
hv_std_{it}		0.003^{***} (4.56)	0.002^{***} (4.06)	0.000 (0.34)	0.003^{**} (2.17)
wto_t		-0.367^{***} (2.97)	-0.552^{***} (4.34)	0.011 (0.05)	-0.106 (0.35)
$cpatent_t$			1.075^{***} (4.96)	0.077 (0.12)	-0.291 (0.29)
$Constant$	-197.317^{***} (24.89)	-213.502^{***} (19.39)	-104.809^{***} (4.29)	-23.143^{***} (1.36)	-62.080^{**} (2.32)
R^2	0.75	0.76	0.77	0.49	0.62
N	691	691	691	688	393

注：$*$，$**$，$***$分别表示10%、5%和1%的显著性水平。（1）—（5）均使用固定效应面板回归。（1）—（3）被解释变量为BEX_{it}，（4）被解释变量为BIM_{it}，（5）被解释变量为$BEX_{it} - BIM_{it}$。（3）—（5）加入了专利申请量作为控制变量。

综上，无论是对于中国的对外贸易，还是对于中美双边贸易而言，中国采用的国际标准和国外先进标准则表现出正面的贸易促进效应，特别是自愿性国际标准在所有的回归中都表现出显著且稳健的贸易促进效应。此外，在中美贸易的情形中，自愿性国际标准还有利于增加中国向美国的净出口。

3.3.5 结论

本小节利用中国1990年—2010年基于ICS分类的面板数据，实证检验了国家标准、国际标准对中国对外贸易、中美双边贸易的影响，主要结论归纳如下：

第一，杨丽娟（2013）认为，国家标准更多满足了国内消费者的偏好和市场特征，但从世界范围来看，中国标准并没有得到国际市场上消费者的普遍认可。在很大程度上，中国标准还没有在国际市场竞争中充分发挥积极的质量信号效应。

第二，国际标准的贸易促进作用比较明显。在中国对外贸易的情形中，国际标准特别是自愿性国际标准不仅促进了中国向世界各国的出口，而且有利于中国来自世界的进口。对于中美双边贸易而言，自愿性国际标准也对中国向美国的出口产生了积极的促进作用，并且有利于增加中美之间的贸易盈余。国际标准是世界范围内先进科技水平和成果的体现，采用国际标准可以增强中国产品在国际市场上的竞争力，消除对外贸易中的技术性贸易壁垒（TBT），并且有利于促进国内外企业之间的技术合作、交流与创新，从而为对外贸易发展提供重要的微观动力。与强制性标准相比，自愿性标准不受政府和社会团体的利益干预，更能科学地规定特性和指导生产。

以上主要研究结论的政策含义主要包括三个方面：首先，中国应在确保标准数量合理增长的同时，重视提升国家标准的质量。其次，应注重国家体系的结构优化，例如标准体系中国家标准和国际标准的构成，强制性标准和自愿性标准的构成等，并且保证和进一步提高自愿性标准在国家标准体系中的份额。最后，中国应加大与 ISO 等国际标准化组织的协调与合作，积极参与国际标准的筹备、设定过程，在汲取国际标准设定经验和综合考虑技术类型、发展潜力的基础上提高中国标准的声誉，积极推动国家标准成为国际标准。

第4章 中观层面：基于标准类别和部门差异的实证

4.1 ICS 产业部门中各类标准的贸易效应

4.1.1 引言

标准是国际贸易的基石，成熟和完善的标准化体系是一国融入贸易全球化进程、参与国际市场竞争的前提和重要保障。从标准化发展历史来看，欧美等发达国家早在 19 世纪末 20 世纪就建立了国内的标准化组织，例如美国材料与实验学会（ASTM）（1898 年）、英国工程标准委员会（ESC 或 BESC）（1901 年）等。20 世纪 40 年代至 90 年代，国际标准化组织（ISO）、国际电工委员会（IEC）、欧洲标准化委员会（CEN）和欧洲电工标准化委员会（CEN-ELEC）等重要的国际标准化组织相继成立。

发达国家非常关注标准是否促进了对外贸易的发展，特别是各国的国家标准与采用的国际标准究竟对贸易产生了何种影响。自 20 世纪 50 年代起，以英国、德国为代表的发达国家就已经组织研究团队开展对标准贸易效应的定量测算，积累了大量的经验性研究成果。① 这些成果均证实了标准的增长会对一国的进出口贸易产生重要作用，并且国家标准与国际标准的贸易效应存在差异。

---

① 发达国家学者还采用定量分析方法，建立经济模型来衡量标准化对于经济增长的贡献。《2011中国标准化发展研究报告》中对这些研究进行了总结。德国 Blind 等（1999）的研究发现，1960 年—1996

半个多世纪以来，这一领域的研究已经形成了系统的内容框架，研究方法不断创新、研究成果涌现，为贸易政策、标准政策的制定与实施提供了宝贵的借鉴。

遗憾的是，几乎所有已有研究都是以发达国家标准为研究对象，研究样本涉及到发展中国家的实证研究也只是考察发达国家标准对来自发展中国家贸易的影响。从发展中国家标准出发，考察发展中国家标准对于其进出口贸易影响的研究极为有限，特别是缺乏具有说服力的经验证据，在一些方面仍存在空白。

本小节进一步将上一节宏观层面的分析深入到中观产业层面。与已有研究的不同之处在于：第一，我们根据国际分类标准（ICS）划分 33 个产业部门，分别考察在各个 ICS 产业部门中国家标准与国际标准对进出口贸易产生的影响，重点考察这种效应的部门差异。第二，根据标准编制方法的不同，我们将标准区分为国家标准和国际标准；按照不同的标准化对象，我们将中国标准划分为产品标准、基础标准、方法标准、管理标准、安全标准、卫生标准和环保标准，提供了首个考察在 33 个 ICS 产业部门中各类标准贸易效应的经验证据。

4.1.2　各产业中标准贸易效应的理论假说

已有的理论与实证文献都证实，一国的国家标准和采用的国际标准对该国的进出口贸易具有重要影响。国家标准对于贸易的影响与国际标准相比具有一定的不确定性，因为国家标准更多地需要考虑本国的自然因素、历史文化与经

年间标准化在每年 3.3% 的年经济增长率中贡献了约 0.9 个百分点，是仅次于资本积累的第二重要因素。英国 Temple 等（2002）发现：1948 年—2002 年间标准存量每增加 1%，对应于 0.054% 的经济增长。2002 年，澳大利亚开展了"标准、创新与澳大利亚经济"的研究并发现标准量增加 1%，整个经济的生产力增加 0.17%。2009 年法国相关研究的结论是：标准化对法国每年经济增长率的贡献为 0.81%。1998 年，日本经济产业省进行的"国际标准化活动效益评价方法研究"显示，日本如果能将本国一项新技术产品形成国际标准，或者通过提出修改国际标准建议将本国的技术条件反映到国际标准中去，一般可以带来 300 亿日元的经济效益。

在国内，于欣丽（2008）的研究证实：标准存量的弹性系数为 0.079%，说明中国国家标准存量每提高 1%，实际 GDP 增加约 0.079%。根据中国 1978 年以来标准存量约 10% 的平均增长率，可以推算出中国标准对实际 GDP 增长的年度贡献约为 0.79%，即实际 GDP 的增长率中，约有 0.79 个百分点源于标准的增长，占实际 GDP 年均增长率的 7.88%。此外，侯俊军等（2009）探讨了标准对于湖南省经济增长的影响，梁小珍等（2010）探讨了工程建设标准对中国经济增长的影响，这些研究均表明标准可以为经济增长提供一部分解释。

济发展阶段，若国家标准在国际市场上享有较高的声誉，那么会有助于该国的出口；若国家标准与外国消费者的偏好和市场诉求差距过大，那么国家标准将会负面影响出口贸易。在进口方面，国家标准为外国企业提供了有关本地市场的信息，具有减少交易成本的作用。但另一方面，若国家标准设定过于严格，或是显著区别于国外企业已经执行的标准，过高的标准遵循成本可能对外国企业进入本国市场形成技术性贸易壁垒。对于国际标准来说，已有研究成果基本都证实了国际标准对于进出口贸易具有正面的促进效应。由此，我们提出本小节待检验的理论假说 1 - a、1 - b。

假说 1 - a：国家标准和/或国际标准越多，该产业进出口规模越大；

假说 1 - b：国家标准和/或国际标准越少，该产业进出口规模越大。

在不同的产业部门中，标准类型与标准体系结构存在重要差异。各产业部门的技术密集程度也有所区别。我们提出待检验的理论假说 2。

假说 2：国家标准、国际标准的贸易效应具有重要的部门差异。标准对贸易的影响程度在制造业部门比在初级产品部门更大，在制造业中的高技术部门要比在传统的制造业部门更大。

从质量、基础、方法、管理、安全、卫生和环保等 7 大类标准来看，尽管标准化对象各异，但各类标准都为保障产品质量、规范生产方法和提高生产效率发挥了重要作用，有利于提高中国产品在国际市场上的竞争力；对于进口贸易来说，也为外国企业进入中国市场提供了最基本的有关技术规格、产品性能方面的有益信息，所以有助于进口贸易的扩大。

另一方面，管理标准与安全、卫生、环保标准是提高中国对外贸易软实力，实现中国由外贸大国走向外贸强国的重要保障。管理标准除了提高生产效率和技术水平之外，同时也是实施技术标准的必要条件。落实到单个企业层面，一家企业如果只有技术标准，而没有建立起配套的管理标准，那么技术标准也无法有效贯彻，标准化的收益必将大打折扣。于欣丽（2008）认为，中国的企业标准和行业标准的技术水平比较低，这两级标准的应有作用没有充分发挥。过去许多年间，在中国经济发展过程中发挥核心作用的依然是国家标准。换言之，中国大量的国家标准实际上发挥着国外国家标准、行业标准和企业标准的多重作用。这种情形与发达国家存在很大差异。以日本、英国等国家为例，这些国家的国家标准量相对比较稳定，总量变化并不大，但是与此同时，这些国家行业标准和企业标准的增长速度不断提升。因此，中国国家标准数量的增长在目前阶段是具有重要的现实意义和实践需求的。综合以上，我们提出本小节待检验的理论假说 3：

假说 3：质量、基础、方法、管理、安全、卫生和环保等 7 类标准的数量越多，该产业进出口规模越大。

下面我们利用 1990 年—2010 年中国标准量和贸易额的 ICS 分类面板数据对上述假说进行实证检验。

4.1.3　基于 ICS 分类的国家标准体系特征

国际标准分类法（International Classification for Standards，ICS）是由国际标准化组织（International Organization for Standardization，ISO）编制的标准文献分类法。[①] ICS 分类法对国际标准、区域标准、国家标准以及相关标准文献进行分类、编目、订购与建库，积极促进了各类别标准以及标准化专门文献在世界范围内的广泛传播。国际标准分类法包括三个级别并采用数字编号，本质上属于等级分类法。一级类目，由两位数字代表，根据标准化活动领域共分为 40 个大类。然后，按照通用标准相对集中、专用标准适当分散的基本原则并兼顾各类目标准文献量的相对平衡，40 个大类进一步分成 392 个二级类目。其中，有 144 个二级类目（三位数，各级分类号之间以实圆点相隔）被细分为 909 个三级类目（双位数）。

目前，许多国家都采国际标准分类法（ICS）对其国家标准进行分类，WTO 也明确要求各国标准化机构在通报有关标准计划时应使用国际标准分类法。Blind 和 Jungmittag（2001）创新性地建立了国际标准分类（ICS）与标准国际贸易分类（SITC）之间的对应关系，将标准数据与贸易数据在细分的 ICS 技术部门中准确地对应起来，这样研究更加细致，研究结论更具针对性。

----

① 国际标准化组织（ISO）原采用美国杜威编制的十进分类法为基础加以修订补充的国际十进分类法（UDC），1992 年推荐一种国际标准分类法（International Classification for Standards，简称 ICS），并决定自 1994 年开始按 ICS 编辑其出版物及标准目录。由于 ICS 分类广泛，结构合理，简明实用，编号方法灵活，因此，意大利、爱尔兰、冰岛等国自 1993 年起按 ICS 编排出版本国标准目录，德国 DIN 等从 1994 年其采用 ICS。中国决定自 1997 年 1 月 1 日起，在国家标准、行业标准等方面采用 ICS 分类法，不再使用 UDC 分类法。相关内容参见《标准化管理》，洪生伟编著，1997，北京：中国计量出版社。

借鉴这一对应关系，并依据从 UN Comtrade 中贸易数据的可获得性进行调整，我们也建立了 ICS 编码与 SITC（2nd edition）编码之间的对应表，并划分 33 个技术部门，具体内容报告在表 4-1 中。[①]

表 4-1　国际标准分类与标准国际贸易分类对应的 33 个部门

No.	ICS 技术领域	ICS 代码	No.	ICS 技术领域	ICS 代码
1	健康卫生技术	11	18	纺织和皮革技术	59
2	计量与测量	17	19	服装工业	61
3	测试	19	20	农业	65
4	机械系统	21	21	食品技术	67
5	流体系统	23	22	化工技术	71
6	制造工程	25	23	采矿，矿产品	73
7	能源，热传导工程	27	24	土木工程	93
8	电气工程	29	25	冶金学	77
9	电子学	31	26	木材技术	79
10	电信学	33	27	玻璃/陶瓷工业	81
11	信息技术，办公设备	35	28	橡胶/塑料工业	83
12	成像技术	37	29	造纸技术	85
13	精密机械，珠宝	39	30	涂料/颜料工业	87
14	道路车辆工程	43	31	建筑材料，建筑物	91
15	造船，船舶结构	47	32	军事工程	95
16	飞机，航天器工程	49	33	家用，文娱，体育	97
17	包装，配送货物	55			

注：主要借鉴了 Blind 和 Jungmittag（2001）的对应表，并根据数据可获得性进行了调整。

依据上表报告的 33 个 ICS 技术部门，我们可以发现中国标准化体系的一些重要特征。为了便于分析比较，本书按照标准量（截止 2010 年 12 月 31 日）将各部门合并成 4 个板块，各板块的标准量依次落在"大于 1000 项""大于

---

① 对应关系与第三章表 3.3.1 完全一致。

500 项小于 1000 项""大于 100 项小于 500 项""小于 100 项"等区间内。

（1）国家标准和国际标准

按照国家标准和国际标准分类的标准存量特征汇报在表 4-2 中，1990 年—2010 年间两类标准的存量增加以及国际标准占比的变动趋势见图 4-1。

表 4-2　各 ICS 部门中国家标准、国际标准的构成①（2010）单位：项、%

标准量	ICS 代码	名称	标准量	国家标准	国际标准	国际标准占比
1000~	77	冶金学	1713	1203	510	0.298
	65	农业	1684	1310	374	0.222
	67	食品技术	1673	1306	367	0.219
	29	电气工程	1569	549	1020	0.650
	25	制造工程	1269	480	789	0.622
	71	化工技术	1208	743	465	0.385
	35	信息技术，办公设备	1029	408	621	0.603
500~1000	83	橡胶/塑料工业	916	278	638	0.697
	21	机械系统	887	451	436	0.492
	33	电信学	799	354	445	0.557
	59	纺织和皮革技术	738	342	396	0.537
	31	电子学	659	275	384	0.583
	17	计量与测量	628	232	396	0.631
	11	健康卫生技术	621	357	264	0.425
	27	玻璃/陶瓷工业	596	366	230	0.386
	73	采矿，矿产品	509	278	231	0.454
100~500	91	建筑材料，建筑物	490	242	248	0.506
	23	流体系统	471	180	291	0.618
	47	造船，船舶结构	443	252	191	0.431
	97	家用，文娱，体育	359	249	110	0.306
	87	涂料/颜料工业	356	222	134	0.376

---

①　包括强制性标准、推荐性标准和标准化指导性文件。

标准量	ICS 代码	名称	标准量	国家标准	国际标准	国际标准占比
100 ~ 500	43	道路车辆工程	341	163	178	0.522
	37	成像技术	310	95	215	0.694
	19	测试	291	106	185	0.636
	85	造纸技术	279	125	154	0.552
	81	玻璃/陶瓷工业	211	109	102	0.483
	55	包装，配送货物	196	106	90	0.459
	79	木材技术	191	101	90	0.471
	61	服装工业	103	45	58	0.563
~ 100	93	土木工程	55	47	8	0.145
	39	精密机械，珠宝	44	28	16	0.364
	49	飞机，航天器工程	34	10	24	0.706
	95	军事工程	1	1	0	0

数据来源：根据国家标准化管理委员会数据库查询整理得到.

从表 4-2 可以看出，第一板块（标准量 > 1000 项）包括 7 个 ICS 技术部门，其中"冶金学"部门标准量最多，达到 1713 项，包括 1203 项国家标准、510 项国际标准。"农业"部门、"食品技术"部门、"电气工程"部门、"制造工程"部门、"化工技术"与"信息技术，办公设备"部门的标准量依次递减，但在总量上仍明显高于其他组别。第二板块（500 项 < 标准量 < 1000 项）和第三板块（100 项 < 标准量 < 500 项）包括的 ICS 技术部门最多，分别有 9 个和 13 个，反映出 33 个 ICS 技术部门中标准量主要分别在［100，1000］项的区间内。标准量最少的包括"土木工程""精密机械，珠宝""飞机，航天器工程"和"军事工程"等技术部门，各部门的标准量均不到 60 项，它们构成了第四板块（标准量 < 100 项）。

从划分的四个板块中还可以捕捉到各个 ICS 技术部门的国际标准占比特征。第一板块的"电气工程""制造工程"和"信息技术，办公设备"等部门的国际标准占比都在 60% 以上，其他四个部门"冶金学""农业""食品技术"和"化工技术"的国际标准占比在 21.9%—38.5% 之间。标准存量最高的技术部门同时也集中了国际标准占比较低的 ICS 部门。第二板块中，"橡胶／塑料工业""计量与测量"部门的国际标准占比在 60% 以上，"电子学"和"电信学"部门的国际标准占比也较高，分别为 58.3% 和 55.7%。"采矿，矿产品""健康卫生技术""玻璃／陶瓷工业"等部门的国际标准占比都在 40% 左右，分别为 45.4%、42.5% 和 38.6%。第三板块中，"成像技术"部门国际标准占比最高，达到 69.4%，"家用，文娱，体育"部门最低，为 30.6%。"流体系统""测试"部门的国际标准占比也在 60% 以上，"服装工业""造纸技术"部门的这一比例也较高，分别为 55.2% 和 56.3%。其余"建筑材料，建筑物""造船，船舶结构""涂料／颜料工业""道路车辆工程""玻璃／陶瓷工业""包装，配送货物"和"木材技术"等部门的国际标准占比位于 43.1%—52.2% 之间。值得一提的是，第四板块的"飞机，航天器工程"组仅有 34 项标准，但其中 24 项采用了国际标准，国际标准占比超过 70%，是所有 ICS 部门中最高的。在第四板块的其他部门中，"精密机械，珠宝"部门的国际标准占比为 36.4%，"土木工程"部门的这一比例为 14.5%。"军事工程"部门没有采用国际标准，仅有一项中国自主编写的国家标准。[①]

　　从图 4－1 可以直观地看出各个 ICS 技术部门中国家标准、国际标准与国际标准占比在 1990 年—2010 年间的变动趋势。总体而言，除"精密机械"部门、"飞机航天器"部门、"包装配送"部门、"服装工业"部门、"军事工程"部门以外，其余部门的国家标准和国际标准都呈现出明显的增长趋势，各部门的国际标准占比在样本期内的波动趋势也存在差异。以下我们结合研究数据对变动趋势进行分析。

　　在样本期内，标准总量的增长率超过 100% 的部门包括"造纸技术""木材技术"和"服装工业"，这三个部门在 1990 年的初始标准量均仅有 1 项，到 2010 年分别增加到 279 项、191 项和 103 项。国家标准方面，"造纸技术""服装工业""精密机械，珠宝"都实现了标准量零的突破，分别从 1990 年的 0 项增加到 2010 年的 125 项，45 项和 28 项。"木材技术""土木工程""飞机，航天器工程"在 1990 年的国家标准量都是 1 项，到 2010 年分别增加到

---

① 该项国家标准的标准号为"GB/T 16624－2009"，标准名称是"防暴枪（Anti－riot gun）"，这项标准于 2010 年 1 月 1 日起实施，代替"GB/T 16624－1996"。

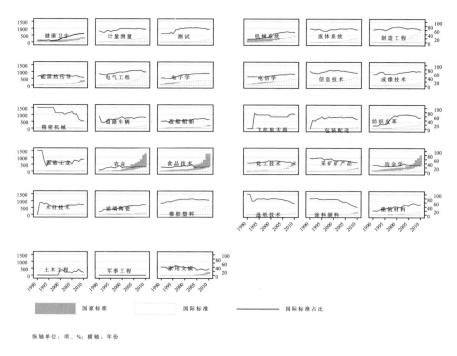

纵轴单位：项、%；横轴：年份

图4-1 国家标准、国际标准与国际标准占比变动趋势（1990—2010）

数据来源：根据国家标准化管理委员会数据库查询整理得到。

101项，47项和10项。1990年还有5个部门的国家标准量不足10项，但在样本期内具有不同程度的增长，它们分别是"家用，文娱，体育"（从6项增加到249项）、"流体系统"（从8项增加到180项）、"道路车辆工程"（从5项增加到163项）、"包装，配送货物"（从3项增加到106项）、"成像技术"（从6项增加到95项）。其他22组的国家标准量也均呈现增长趋势，这些部门依次是"农业"（+1282项）、"食品技术"（+1255项）、"冶金学"（+1088项）、"化工技术"（+699项）、"电气工程"（+515项）、"制造工程"（+465项）、"信息技术，办公设备"（+389项）、"玻璃/陶瓷工业"（+347项）、"纺织和皮革技术"（+325项）、"健康卫生技术"（+304项）、"橡胶/塑料工业"（+261项）、"采矿，矿产品"（+259项）、"电信学"（+246项）、"机械系统"（+238项）、"建筑材料，建筑物"（+227项）、"造船，船舶结构"（+222项）、"计量与测量"（+212项）、"涂料/颜料工业"（+212项）、"电子学"（+177项）、"测试"（+95项）、"玻璃/陶瓷工业"（+

88 项）、"军事工程"（+1 项）。

国际标准方面，有 4 个部门在 1990 年的国际标准量为零，在样本期不断增加，它们分别是"包装，配送货物"（+106 项）、"木材技术"（+101 项）、"土木工程"（+47 项）、"飞机，航天器工程"（+10 项）。"造纸技术"和"服装工业"两个部门的国际标准量均从 1990 年的 1 项增加到 2010 年的 125 项和 45 项。总体上，增长数量在 1000 项以上的是"农业"（+1308 项）、"食品技术"（+1293 项）、"冶金学"（+1152 项）；增长数量在 100 项以上的有 22 个部门，分别是"化工技术"（+712 项）、"电气工程"（+506 项）、"制造工程"（+455 项）、"机械系统"（+413 项）、"信息技术，办公设备"（+366 项）、"玻璃/陶瓷工业"（+352 项）、"健康卫生技术"（+352 项）、"纺织和皮革技术"（+339 项）、"电信学"（269 项）、"橡胶/塑料工业"（257 项）、"家用，文娱，体育"（245 项）、"采矿，矿产品"（+243 项）、"建筑材料，建筑物"（+238 项）、"造船，船舶结构"（+236 项）、"电子学"（增加 221 项）、"计量与测量"（+209 项）、"涂料/颜料工业"（+185 项）、"流体系统"（+165 项）、"道路车辆工程"（+156 项）、（+124 项）、"包装，配送货物"（+106 项）、"玻璃/陶瓷工业"（+106 项）、"木材技术"（+101 项）。增长数量在 100 项以下的有"测试"（+98 项）、"成像技术"（+88 项）、"土木工程"（+47 项）、"服装工业"（+44 项）、"精密机械，珠宝"（+26 项）、"飞机，航天器工程"（+10 项）。

国际标准占比方面，"飞机，航天器工程"，"木材技术"和"包装，配送货物"3 个部门均从 1990 年的 0% 分别上升到 2010 年的 70.59%、47.12% 和 45.92%，增长幅度最大。除此之外，还有 16 个部门的国际标准占比与 1990 年的初始水平相比有所上升，它们依次是"纺织和皮革技术"（+38.66%）、"玻璃/陶瓷工业"（+35.84%）、"机械系统"（+34.03%）、"健康卫生技术"（+33.89%）、"建筑材料，建筑物"（+29.56%）、"电子学"（+22.74%）、"测试"（+21.47%）、"农业"（+15.54%）、"成像技术"（+15.51%）、"土木工程"（+14.55%）、"橡胶/塑料工业"（+14.39%）、"电信学"（+11.65%）、"计量与测量"（+9.57%）、"电气工程"（+9.17%）、"造船，船舶结构"（+8.33%）、"食品技术"（+1.62%）。有 13 个部门的国际标准占比与 1990 年的初始水平相比有所下降，它们依次是"制造工程"

（－0.33%）、"冶金学"（－0.95%）、"化工技术"（－2.84%）、"流体系统"（－3.43%）、"玻璃/陶瓷工业"（－3.83%）、"道路车辆工程"（－6.13%）、"信息技术，办公设备"（－8.50%）、"家用，文娱，体育"（－9.36%）、"采矿，矿产品"（－19.43%）、"涂料/颜料工业"（－41.08%）、"服装工业"（－43.69%）、"造纸技术"（－44.80%）、"精密机械，珠宝"（－63.63%）。

（2）产品标准、基础标准、方法标准、管理标准等①

产品、基础、方法、管理、安全、卫生和环保等7类标准的存量特征报告在表4.1.3中。除管理标准以外，其余六类标准都属于通常意义上的技术标准范畴。按照集中出现和发挥主导作用的阶段不同，我们可以把它们进一步归成两类：产品标准、基础标准和方法标准一类（以下称为基础技术标准），安全标准、卫生标准和环保标准一类（以下称为发展技术标准）。在经济发展的初级阶段，产品、基础和方法标准集中出现，随着经济发展水平和消费者意识的提升，人们对于安全标准、卫生标准和环保标准的需求变大。例如，"汽车质量（重量）参数测定方法"（GB/T 12674－1990）是于1990年发布、1991年实施的方法标准，但直到2012年才颁布和实施了"机动车运行安全技术条件"（GB 7258－2012）、"专用校车安全技术条件"（GB 24407－2012）等安全标准。同时，管理标准与技术标准不同，主要是对针对标准化过程中需要统一、协调的有关事项所订立的标准，我们把它单独列为一类。这样，7类标准可以大致划分为基础技术标准、管理标准和发展技术标准三类。这三类标准在样本期的变动趋势见图4－2。

表4－3　国家标准构成（2010）单位：项

标准量	代码	名　称	产品	基础	方法	管理	安全	卫生	环保	其他
1000～	77	冶金学	502	120	1086	1	4	0	0	0
	65	农业	612	129	768	75	67	6	11	16
	67	食品技术	530	43	854	79	9	151	3	4
	29	电气工程	720	220	427	13	178	0	8	3

---

① 这些标准是目前国家标准化管理委员会国家标准目录查询数据库可供检索的标准类型。

标准量	代码	名　称	产品	基础	方法	管理	安全	卫生	环保	其他
1000 ~	25	制造工程	519	317	280	20	106	0	5	22
	71	化工技术	487	56	646	2	14	1	0	2
	35	信息技术，办公设备	104	820	37	22	38	6	0	2
500 ~ 1000	83	橡胶/塑料工业	250	71	575	0	12	6	0	2
	21	机械系统	617	189	76	3	1	0	0	1
	33	电信学	311	186	277	11	7	0	4	3
	59	纺织和皮革技术	177	128	425	0	5	1	0	2
	31	电子学	329	133	189	4	4	0	0	0
	17	计量与测量	213	194	207	1	7	2	2	2
	11	健康卫生技术	112	63	163	19	41	223	0	0
	27	玻璃/陶瓷工业	138	98	204	92	45	0	9	10
	73	采矿，矿产品	48	55	389	2	14	0	1	0
100 ~ 500	91	建筑材料，建筑物	169	78	191	7	34	2	6	3
	23	流体系统	222	84	147	3	15	0	0	0
	47	造船，船舶结构	282	90	49	12	5	0	2	3
	97	家用，文娱，体育	168	20	68	28	69	1	2	3
	87	涂料/颜料工业	85	29	239	0	3	0	0	0
	43	道路车辆工程	75	87	105	12	56	0	6	0
	37	成像技术	65	104	127	2	8	0	2	2
	19	测试	34	90	153	2	10	0	2	0
	85	造纸技术	88	14	175	0	1	1	0	0
	81	玻璃/陶瓷工业	74	18	111	1	3	1	2	1
	55	包装，配送货物	80	37	67	1	7	0	0	4
	79	木材技术	101	27	51	1	9	0	0	2
	61	服装工业	24	19	55	1	3	0	0	1
~ 100	93	土木工程	33	8	4	2	4	0	2	2
	39	精密机械，珠宝	16	9	17	0	1	0	0	1
	49	飞机，航天器工程	15	15	2	1	0	0	0	1
	95	军事工程	1	0	0	0	0	0	0	0

数据来源：根据国家标准化管理委员会数据库查询整理得到。

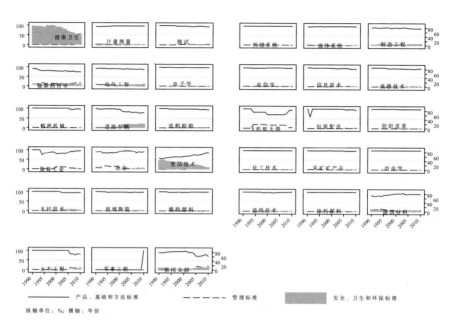

纵轴单位：%；横轴：年份

图 4-2　产品、基础、方法和管理等各类标准构成变动趋势（1990—2010）

数据来源：根据国家标准化管理委员会数据库查询整理得到。

从表 4-3 可以看出，技术标准，特别是产品、基础和方法等三类基础技术标准，在中国国家标准化体系中占据绝对的主导地位。以 2010 年的国家标准构成为例，在 33 个 ICS 技术部门中，有 22 个部门的基础技术标准所占份额在 90% 以上，"军事工程""冶金学""机械系统""造纸技术""涂料/颜料工业"5 个部门的这一比例都在 99% 以上。安全、卫生和环保等发展技术标准在国家标准总量中的占比较低。值得一提的是，"冶金学""化工技术""橡胶/塑料工业""机械系统""纺织和皮革技术""涂料/颜料工业"和"造纸技术"等 7 个部门都是通常被视为会对环境造成严重污染的行业，但是在这些部门中，还没有 1 项国家一级的环境标准。"包装，配送货物"部门（ICS 代码：55）在 ICS 分类体系中包括"货物的包装和调运""包装材料和辅助物""卷轴、线轴""麻袋、袋子""瓶、罐、瓮""罐、听、管""雾化剂罐""粗腰桶、桶、罐等""箱、盒、板条箱""货物调用""包装机械""堆栈、仓储""发货机和自动售货机"等 13 个二级类目，其中多与食品安全联系紧密，但是在国家标准化体系中，还没有一项卫生标准。

　　"土木工程"部门（ICS 代码：93）在 ICS 分类中包括了 11 个二级类目，分别是"土木工程综合""土方工程、挖掘、地基构造、地下工程""外部污水排放系统""桥梁建筑""隧道建筑""道路工程""铁路建筑""架空索道的建造""飞机场建筑""航道和港口建筑""水利建筑"等；在"道路工程综合"下 6 个三级类目，分别是"道路建筑""道路建筑材料""道路设备和装置""街道照明和有关设备""有关道路工程的其他标准"。这些领域均是与安全密切相关的，但是国家标准化体系中的安全标准仅有 4 项，分别是："奥林匹克专用车道标志和标线"（GB 21253 – 2007），"光致发光（磷光）安全标记光学性能要求"（GB/T 21382 – 2008），"灯具 第 2 – 19 部分：特殊要求 通风式灯具"（GB 7000.219 – 2008），"中国海区可航行水域桥梁助航标志"（GB24418 – 2009）。前两项标准于 2008 年开始实施，后两项标准于 2010 年开始实施。在与人们的日常居住和交通密切相关的基础设施方面，还没有颁布和实施相应的国家安全标准。同样值得重视的是"飞机、航天器"部门（ICS 代码：49），这一部门在 ICS 分类下包括了"航天器与航天器综合""航空航天制造用材料""航空航天制造用紧固件""航空航天用零部件"等 14 个二级类目，在"航空航天制造用材料"下包括 10 个三级类目，在"航空航天制造用紧固件"下包括 8 个三级类目，民用飞机等领域也在其中，同样是存在重大安全风险的领域，但也没有一条安全标准。

　　此外，管理标准在中国国家标准体系中的各个 ICS 技术部门中所占的比例也非常低。在 33 个 ICS 技术部门中，管理标准超过 10% 的仅有"玻璃/陶瓷工业"（15.44%）1 个部门。管理标准占比在 1%—10% 之间的有 12 个部门，分别是"家用，文娱，体育"（7.80%）、"食品技术"（4.72%），"农业"（4.45%），"土木工程"（3.64%），"道路车辆工程"（3.52%），"健康卫生技术"（3.06%），"飞机，航天器工程"（2.92%），"造船，船舶结构"（2.71%），"信息技术，办公设备"（2.14%），"制造工程"（1.58%），"建筑材料，建筑物"（1.43%）和"电信学"（1.38%）部门。管理标准占比不足 1% 的共有 14 个部门，分别是"服装工业"（0.97%），"电气工程"（0.83%），"测试"（0.68%），"成像技术"（0.65%），"流体系统"（0.64%），"电子学"（0.61%），"木材技术"（0.52%），"包装，配送货物"（0.51%），"玻璃/陶瓷工业"（0.47%），"采矿，矿产品"（0.39%），"机械系统"（0.34%），"化工技术"（0.17%），"计量与测量"（0.16%），"冶金学"（0.06%）。在"精密机械，珠宝""纺织和皮革技术""橡胶/塑料工业""造纸技术""涂料/颜料工业"和"军事工程"等 6 个部门中，没有管理标准。

以上特征事实反映出，中国标准化体系存在严重的结构性不平衡：标准存量多的技术部门中国际标准所占比重较低；技术标准比重较高，管理标准所占比重偏低；产品、基础和方法标准所占比重较高，安全、卫生和环保标准所占比重偏低。管理标准以及安全、卫生和环保标准的重要性不言而喻，并且将随着经济社会向前发展变得日益突出。缺乏相应的管理标准，职责分工不明确，工作缺乏效率，最终制约着技术标准效力的发挥。目前中国遭遇的技术性贸易壁垒（TBT）绝大部分集中在安全、卫生和环保标准领域，发达国家在这类标准上的规定和变化常常使中国相关贸易企业的出口处于被动地位。标准本身是对反复性、通用性事物的总结，标准缺乏实质上反映出中国在这些领域的发展还较为落后。国家标准制定组织应参考借鉴已有的国际标准和其他国外先进标准，在积极采标的同时保证国家标准制定的及时性和时效性。此外，标准也是指导生产、规范生产的重要保障，具有公共品的性质。国家标准的特殊性决定了这类公共品必须由政府来提供，标准缺乏也反映出政府在这方面的供给不足。结合图 4-2 来看，这种供给不足同样明显地反映在各类标准在样本期的变动趋势中。从 1990 年—2010 年，管理标准与安全、卫生和环保标准呈现上升趋势的部门也十分有限。

4.1.4　经验研究

（1）计量模型

借鉴 Blind（2004）的研究方法，本小节进一步对基于 ICS 分类的 33 个技术部门中标准的贸易效应进行经验检验。模型定义如下：

$$trade_{k,t} = \alpha_0 + \alpha_t + \beta std_{k,t} + \varepsilon_{k,t} \qquad (4.1.1)$$

其中，$trade_{k,t}$ 代表中国在时期 t 技术部门 k 中的贸易表现，$std_{k,t}$ 代表中国在时期 t 技术部门 k 中的标准化水平，我们以下选取相应的贸易变量和标准变量进行度量。α_0 是常数项，α_t 刻画时间趋势，$\varepsilon_{k,t}$ 为 0 均值的误差项。

（2）变量和数据

本小节选取贸易总额（trade）、出口额（ex）和进口额（im）度量贸易表现，并对标准进行两组不同特征的分类：一组包括中国自主编写的国家标准（简称国家标准，记为 n_ std），以及在采用国际标准和国外先进标准基础上制定的国家标准（简称国际标准，记为 i_ std）；另一组按照标准化类别划分，主要包括产品标准（c_ std）、基础标准（j_ std）、方法标准（f_ std）、管理标准（g_ std）、安全标准（s_ std）、卫生标准（h_ std）和环保标准（e_ std）。①

标准数据来自国家标准化管理委员会网站提供的国家标准目录查询数据库，统计截止当年度末发布和实施的现行标准量，排除已废止标准。贸易数据整理自 UN Comtrade 数据库，均为以美元计价的当年真实值。为了统计口径和数据的可获得性，本小节确定研究时段为 1990 年—2010 年。所有变量的描述性统计报告在表 4－4 中。

表 4－4　变量的描述性统计

Variable	Obs	Mean	Std. Dev.	Min	Max
trade	693	23. 3	42	0. 2	270
ex	693	13	27. 4	0. 1	210
im	693	10. 2	21. 9	0. 1	210
n_ std	693	109. 1227	164. 9278	0	1310
i_ std	693	100. 5036	132. 9826	0	1020
c_ std	693	69. 58874	111. 6971	0	720
j_ std	693	39. 3189	78. 31682	0	820
f_ std	693	83. 86869	129. 7226	0	1086
g_ std	693	3. 630592	9. 593428	0	92
s_ std	693	5. 024531	13. 59077	0	178
h_ std	693	7. 080808	30. 47864	0	223
e_ std	693	0. 4617605	1. 36864	0	11

从表 4－4 可以看出，各类标准数据都存在零值。在按照 ICS 划分的 33 个技术部门中，国家标准量的最大值为 1310 项，平均值为 109 项；国际标准量的最大值为 1020 项，平均值为 100 项。在所有国家标准中，方法标准最多，然后是产品标准和基础标准。各部门中方法标准的最大值为 1086 项，平均值

① 此处不包括国家标准化管理委员会标准查询数据库中的"其他标准"类型。

也最大，为 83 项。管理标准、安全标准和卫生标准在各个 ICS 技术部门中平均不超过 8 项，环境标准的平均值最低，还不到 1 项（0.46 项）。

（3）计量结果

为了避免过大的观察值对模型的估计结果产生偏误，我们对变量进行对数化操作。标准变量中存在大量的零值，直接取对数会排除这部分观察值，我们借鉴 Portugal-Perez，Reyes 和 Wilson（2010）、Mangelsdorf（2011）的做法，对所有标准变量的数值加 1 后再取对数。这一做法会使得标准量的均值增加 1 个单位，但并不改变变量的方差。各部门国家标准、国际标准贸易效应的 Pooled OLS 回归结果汇报在表 4 - 5 中。

表 4 - 5 国家标准、国际标准与 ICS 领域贸易（1990—2010）

ICS 领域	贸易	国家标准	国际标准	R^2	ICS 领域	贸易	国家标准	国际标准	R^2
健康卫生	进出口	0.045 (0.208)	0.799*** (0.085)	0.980	纺织皮革	进出口	0.526*** (0.130)	0.087 (0.061)	0.919
	出口	0.635* (0.353)	0.778*** (0.136)	0.960		出口	0.706*** (0.145)	0.101 (0.071)	0.924
	进口	-0.144 (0.199)	0.758*** (0.086)	0.978		进口	0.222* (0.122)	0.117* (0.063)	0.808
计量测量	进出口	1.415* 0.761	0.477 (0.553)	0.931	服装工业	进出口	0.624*** (0.149)	0.085 (0.167)	0.899
	出口	1.314 (0.822)	0.659 (0.612)	0.930		出口	0.620*** (0.151)	0.076 (0.172)	0.885
	进口	1.410* (0.738)	0.229 (0.517)	0.882		进口	1.508*** (0.488)	-0.722* (0.413)	0.818
测试	进出口	-0.389 (0.455)	1.570*** (0.434)	0.839	农业	进出口	0.371** (0.150)	0.019 (0.119)	0.820
	出口	0.0684 (0.2471)	1.2726*** (0.1730)	0.958		出口	0.351** (0.153)	0.128 (0.119)	0.871
	进口	-1.3701 (1.0499)	2.5657*** (1.0954)	0.591		进口	0.302 (0.175)	-0.049 (0.140)	0.681
机械系统	进出口	1.424* (0.689)	1.061*** (0.156)	0.966	食品技术	进出口	0.719*** (0.180)	-0.040 (0.176)	0.964
	出口	1.569* (0.846)	0.926*** (0.197)	0.940		出口	0.420** (0.149)	0.069 (0.142)	0.961
	进口	1.442* (0.811)	1.499*** (0.251)	0.850		进口	0.902*** (0.258)	-0.025 (0.273)	0.934

续表

ICS 领域	贸易	国家标准	国际标准	R^2	ICS 领域	贸易	国家标准	国际标准	R^2
流体系统	进出口	0.317 (0.247)	0.993*** (0.2206)	0.978	化工技术	进出口	0.290 (0.343)	1.077*** (0.312)	0.949
	出口	0.4147 (0.3170)	1.360*** (0.2828)	0.980		出口	0.707** (0.314)	0.507* (0.272)	0.954
	进口	0.330 (0.255)	0.796*** (0.220)	0.973		进口	−0.072 (0.382)	1.589*** (0.374)	0.938
制造工程	进出口	0.606** (0.213)	0.166 (0.213)	0.938	采矿矿产	进出口	0.857 (0.801)	0.443 (1.149)	0.931
	出口	0.449*** (0.140)	0.390*** (0.127)	0.982		出口	−0.135 (0.960)	1.371 (1.339)	0.723
	进口	0.671** (0.268)	0.052 (0.276)	0.875		进口	4.465*** (1.180)	−3.561* (1.738)	0.851
能源热传	进出口	1.528** (0.577)	−0.594 (0.6906)	0.866	土木工程	进出口	0.591 (0.391)	0.733 (0.549)	0.852
	出口	0.399 (0.627)	1.624** (0.623)	0.942		出口	1.012* (0.532)	1.136 (0.691)	0.865
	进口	1.149** (0.524)	−0.515 (0.613)	0.682		进口	0.609** (0.280)	0.243 (0.377)	0.801
电气工程	进出口	−0.993*** (0.246)	2.026*** (0.188)	0.955	冶金学	进出口	0.466 (0.328)	1.182*** (0.301)	0.958
	出口	−1.000*** (0.268)	2.105*** (0.196)	0.951		出口	0.655 (0.622)	1.001* (0.567)	0.887
	进口	−1.025*** (0.240)	1.958*** (0.187)	0.953		进口	0.312 (0.335)	1.326*** (0.323)	0.956
电子学	进出口	−0.631 (0.602)	2.991*** (0.334)	0.931	木材技术	进出口	0.433* (0.213)	0.290 (0.257)	0.939
	出口	0.014 (0.647)	2.870*** (0.333)	0.937		出口	0.455* (0.230)	0.420 (0.253)	0.947
	进口	−0.795 (0.639)	3.028*** (0.354)	0.925		进口	0.421* (0.205)	0.191 (0.248)	0.921
电信学	进出口	−1.908*** (0.369)	3.478*** (0.257)	0.975	玻璃陶瓷	进出口	0.958** (0.386)	0.506** (0.206)	0.956
	出口	−2.183*** (0.436)	3.991*** (0.302)	0.977		出口	1.194** (0.472)	0.378 (0.251)	0.941
	进口	−0.960** (0.361)	2.256*** (0.245)	0.964		进口	0.154 (0.403)	0.907*** (0.185)	0.973

续表

ICS 领域	贸易	国家标准	国际标准	R^2	ICS 领域	贸易	国家标准	国际标准	R^2
信息技术	进出口	0.893*** (0.269)	1.054*** (0.228)	0.979	橡胶塑料	进出口	−0.001 (0.173)	1.024*** (0.149)	0.981
	出口	0.975*** (0.324)	1.212*** (0.283)	0.972		出口	0.676*** (0.207)	0.728*** (0.137)	0.976
	进口	0.601*** (0.197)	0.966*** (0.164)	0.984		进口	−0.145 (0.190)	1.079*** (0.175)	0.977
成像技术	进出口	−0.980*** (0.297)	2.564*** (0.243)	0.974	造纸	进出口	0.216 (0.195)	0.546** (0.220)	0.952
	出口	−0.335 (0.267)	1.875*** (0.228)	0.971		出口	0.905*** (0.226)	−0.058 (0.213)	0.918
	进口	−1.636*** (0.484)	3.228*** (0.374)	0.965		进口	−0.020 (0.223)	0.761** (0.282)	0.927
精密机械	进出口	0.099 (0.088)	0.748*** (0.141)	0.901	涂料颜料	进出口	0.343 (0.390)	1.226 (1.003)	0.808
	出口	0.078 (0.099)	0.735*** (0.176)	0.840		出口	0.559 (0.345)	0.690 (0.861)	0.844
	进口	0.087 (0.075)	0.880*** (0.114)	0.956		进口	0.162 (0.437)	1.700 (1.166)	0.767
道路车辆	进出口	0.218 (0.912)	0.739 (0.666)	0.701	建筑材料	进出口	1.425 (1.169)	−0.302 (0.905)	0.668
	出口	−0.243 (1.006)	1.279 (0.775)	0.739		出口	1.679 (1.282)	−0.443 (0.986)	0.656
	进口	0.427 (0.869)	0.473 (0.621)	0.649		进口	−0.550 (0.691)	1.015** (0.470)	0.899
造船船舶	进出口	0.215 (0.642)	1.494*** (0.463)	0.917	军事工程	进出口	1.990 (1.909)		0.003
	出口	−1.068 (0.682)	2.959*** (0.477)	0.955		出口	2.337 (1.965)		0.004
	进口	1.612** (0.614)	−0.732 (0.494)	0.302		进口	0.576 (1.695)		0.000
飞机航天	进出口	0.945** (0.431)	0.287 (0.267)	0.632	家用文娱	进出口	0.646** (0.298)	0.502 (0.421)	0.891
	出口	0.592 (0.863)	0.791 (0.679)	0.524		出口	0.597* (0.304)	0.581 (0.436)	0.885
	进口	0.955** (0.410)	0.270 (0.238)	0.645		进口	1.359*** (0.339)	−0.485 (0.410)	0.878

续表

ICS领域	贸易	国家标准	国际标准	R^2	ICS领域	贸易	国家标准	国际标准	R^2
包装配送	进出口	0.637*** (0.120)	0.387*** (0.086)	0.961					
	出口	0.595*** (0.131)	0.502*** (0.090)	0.968					
	进口	0.663*** (0.165)	0.147 (0.133)	0.911					

注：括号中为异方差稳健的标准误，*、**、***分别表示10%、5%和1%的显著性统计水平。

整体上来看，在33个ICS技术部门中，除"道路车辆工程""涂料/颜料工业""军事工程"以外，其余30个部门中都反映出国家标准和/或国际标准具有统计上显著的贸易效应。各部门中标准影响贸易的方向报告在表4-6中。

表4-6 各技术领域中国家标准和国际标准的贸易效应检验汇总

ICS领域	进出口总额		出口额		进口额	
	国家标准	国际标准	国家标准	国际标准	国家标准	国际标准
健康卫生技术		(+)(+)(+)	(+)	(+)(+)(+)		(+)(+)(+)
计量测量	(+)				(+)	
测试		(+)(+)(+)		(+)(+)(+)		(+)(+)(+)
机械系统	(+)	(+)(+)(+)	(+)	(+)(+)(+)	(+)	(+)(+)(+)
流体系统		(+)(+)(+)		(+)(+)(+)		(+)(+)(+)
制造工程	(+)(+)		(+)(+)(+)	(+)(+)(+)	(+)(+)	
能源，热传导工程	(+)(+)			(+)(+)	(+)(+)	
电气工程	(-)(-)(-)	(+)(+)(+)	(-)(-)(-)	(+)(+)(+)	(-)(-)(-)	(+)(+)(+)
电子学		(+)(+)(+)		(+)(+)(+)		(+)(+)(+)
电信学	(-)(-)(-)	(+)(+)(+)	(-)(-)(-)	(+)(+)(+)	(-)(-)	(+)(+)(+)
信息技术，办公设备	(+)(+)(+)	(+)(+)(+)	(+)(+)(+)	(+)(+)(+)	(+)(+)(+)	(+)(+)(+)
成像技术	(-)(-)(-)	(+)(+)(+)		(+)(+)(+)	(-)(-)(-)	(+)(+)(+)
精密机械，珠宝		(+)(+)(+)		(+)(+)(+)		
道路车辆工程						
造船，船舶结构		(+)(+)(+)		(+)(+)(+)	(+)(+)	
飞机，航天器工程	(+)(+)				(+)(+)	
包装，配送货物	(+)(+)(+)	(+)(+)(+)	(+)(+)(+)	(+)(+)(+)	(+)(+)(+)	
纺织和皮革技术	(+)(+)(+)		(+)(+)(+)		(+)	(+)
服装工业	(+)(+)(+)		(+)(+)(+)		(+)(+)(+)	(-)
农业	(+)(+)		(+)(+)			
食品技术	(+)(+)(+)		(+)(+)		(+)(+)(+)	
化工技术		(+)(+)(+)	(+)(+)	(+)		(+)(+)(+)
采矿，矿产品					(+)(+)(+)	(-)

续表

ICS 领域	进出口总额		出口额		进口额	
	国家标准	国际标准	国家标准	国际标准	国家标准	国际标准
土木工程			（+）		（+）（+）	
冶金学		（+）（+）（+）		（+）		（+）（+）（+）
木材技术	（+）		（+）		（+）	
玻璃/陶瓷工业	（+）（+）	（+）（+）	（+）（+）			（+）（+）（+）
橡胶/塑料工业		（+）（+）（+）	（+）（+）（+）	（+）（+）（+）		（+）（+）（+）
造纸技术		（+）（+）	（+）（+）（+）			（+）（+）
涂料/颜料工业						
建筑材料，建筑物						（+）（+）
军事工程	（+）（+）		（+）		（+）（+）（+）	

注：（+）（+）（+）代表在1%统计水平上显著的正效应，（+）（+）代表在5%统计水平上显著的正效应，（+）代表在10%统计水平上显著的正效应，（-）（-）（-）代表在1%统计水平上显著的负效应，（-）（-）代表在5%统计水平上显著的负效应，（-）代表在10%统计水平上显著的负效应。

从表4-6可以看出，在国家标准方面，统计上不显著的部门包括"流体系统""电子学""精密机械，珠宝"和"建筑材料，建筑物"等4个部门。在其他26个部门中，除在"电气工程""电信学""成像技术"等3个部门表现出贸易抑制效应以外，国家标准在余下的23个部门中都表现出了不同程度的贸易促进效应。在国际标准方面，统计上不显著的包括"飞机，航天器""农业""食品技术""土木工程""木材技术""军事工程"等6个部门，在剩下的24个技术部门中，国际标准在"服装工业"，"采矿，矿产品"部门中表现出在10%的统计水平上显著的进口抑制效应，在其余22个部门则表现出不同的贸易促进效应。在33个技术部门中，标准的贸易促进作用最明显的是"信息技术，办公设备"部门。在这一领域，国家标准和国际标准对贸易总额、出口额和进口额都表现出在1%的统计水平上显著的贸易促进作用。信息技术是现代网络产业的代表，其特点是技术更新速度快、新技术层出不穷，产业发展快。标准竞争已经成为这个领域竞争的制高点。谁能够掌握核心的技术创新并将其转换成为标准，就可以在市场竞争中赢得有利地位。

以上实证结果基本支持了我们提出的理论假说1-a和理论假说2。此外，在"电气工程""电信学"部门中，国家标准对进出口、出口和进口都表现出贸易抑制效应，而国际标准对进出口、出口和进口都表现出贸易促进效应。在"成像技术"部门，国家标准和国际标准对进出口和进口也表现出类似的作用，不过在出口方面，国际标准的贸易促进效应显著而国家标准的作用不显著。

各个部门中产品、基础等各类别标准的回归结果汇报在表 4 - 7 中。我们依次按照产品、基础和方法标准，管理标准，以及安全、卫生和环保标准等三个大类对各类标准的贸易效应进行分析。

产品、基础和方法标准在 30 个 ICS 技术部门中表现出显著的贸易效应，其中 28 个部门表现出贸易促进效应，1 个部门表现出贸易抑制效应。从贸易促进方面来看，同时有利于进出口、进口和出口的是"健康卫生""计量测量""测试""机械系统""流体系统""制造工程""电子学""电信学""信息技术""成像技术""精密机械""飞机航天""包装配送""纺织皮革""服装工业""化工技术""土木工程""冶金学""木材技术""玻璃陶瓷""橡胶塑料""造纸技术""涂料颜料""家用文娱"等 24 个部门，有利于进出口和出口的是"采矿矿产"部门；有利于进出口和进口的是"能源热传""食品技术"等部门；仅有利于进出口的是"造船船舶"部门；仅有利于进口的是"建筑材料"部门。从负面影响方面来看，产品、基础和方法标准在"道路车辆"部门表现出贸易抑制效应，抑制了进出口和进口。此外，产品、基础和方法标准在"电气工程""农业""军事工程"等 3 个部门中没有表现出显著的贸易效应。

管理标准在 18 个部门表现出显著的贸易效应，其中 13 个部门表现出贸易促进效应，5 个部门表现出贸易抑制效应。在表现出贸易促进效应的部门中：同时促进进出口贸易、出口贸易和进口贸易的包括"电气工程""信息技术""道路车辆""土木工程"等 4 个部门；促进进出口和出口贸易的包括"服装工业"和"农业"等 2 个部门；仅推动出口的包括"制造工程""飞机航天""食品技术""化工技术"等 4 个部门；仅推动进口的包括"机械系统"和"建筑材料"等 2 个部门。管理标准在 5 个部门中表现出负的贸易效应，对进出口、出口和进口都产生负面影响的是"电子学""包装配送"和"冶金学"部门，负面影响出口的是"电信学"部门，负面影响进口的是"玻璃陶瓷"部门。此外，除了在"精密机械""纺织皮革""橡胶塑料""造纸技术""涂料颜料""军事工程"等 6 个部门没有管理标准外，管理标准在"健康卫生""计量测量""测试""流体系统""能源热传""成像技术""采矿矿产""木材技术"和"家用文娱"等 9 个部门中没有表现出显著的贸易效应。

安全、卫生和环保标准在 20 个部门中表现出显著的贸易效应，其中 14 个部门为正面作用，6 个部门为负面作用。从贸易促进方面来看，同时促进了进出口、出口和进口的有"计量测量""电气工程""电子学""道路车辆""包装配送""农业""木材技术"7 个部门；促进了进出口和出口的包括"电信学""纺织皮革""造纸技术"3 个部门；促进了进出口和进口的是"成像技术"部门，仅促进贸易总额的是"采矿矿产"部门，仅促进了出口的是"健康卫生"部门，仅促进进口的是"橡胶塑料"。从负的效应来看，同时不利用进出口、出口和进口的是"机械系统""服装工业""土木工程""涂料颜料"4 个部门、不利于进出口和出口的是"能源热传"部门，不利于出口的是家用文娱部门。此外，除了在"飞机航天""军事工程"2 个部门没有安全、卫生和环境标准以外，在"测试""流体系统""制造工程""信息技术""精密机械""食品技术""化工技术""冶金学""玻璃陶瓷"和"建筑材料"等 12 个部门中，安全、卫生和环境标准没有表现出显著的贸易效应。

以上实证结果为本书提出的理论假说 3 提供了支持。产品、技术、方法、管理、安全、卫生、环保等各类标准的增加为中国对外贸易发展做出了贡献。

表 4-7　各领域中各类标准的贸易效应

ICS 领域	产品、基础和方法标准			管理标准			安全、卫生和环境标准		
	进出口	出口	进口	进出口	出口	进口	进出口	出口	进口
健康卫生	0.895*** (0.073)	1.019*** (0.090)	0.785*** (0.108)	-0.053 (0.035)	-0.060 (0.048)	-0.054 (0.047)	0.138 (0.137)	0.480* (0.232)	0.060 (0.179)
R²	0.987	0.975	0.971	0.987	0.975	0.971	0.987	0.975	0.971
计量测量	0.847*** (0.267)	0.959*** (0.301)	0.728* (0.358)	-0.424 (0.507)	-0.167 (0.475)	-0.860 (0.758)	2.127** (0.747)	1.973** (0.751)	2.063* (1.115)
R²	0.953	0.952	0.901	0.953	0.952	0.901	0.953	0.952	0.901
测试	1.675*** (0.574)	1.445*** (0.347)	2.521* (1.265)	0.302 (0.571)	0.327 (0.388)	0.707 (1.163)	-0.291 (0.423)	-0.038 (0.255)	-0.968 (0.905)
R²	0.807	0.948	0.547	0.807	0.948	0.547	0.807	0.948	0.547
机械系统	3.034*** (0.134)	2.995*** (0.195)	3.275*** (0.219)	0.295 (0.245)	-0.191 (0.295)	2.485* (1.217)	-0.898*** (0.152)	-0.863*** (0.257)	-1.367** (0.495)
R²	0.983	0.969	0.878	0.983	0.969	0.878	0.983	0.969	0.878
流体系统	1.265*** (0.131)	1.583*** (0.189)	1.224*** (0.121)	0.075 (0.113)	-0.015 (0.170)	0.034 (0.090)	0.027 (0.217)	0.292 (0.293)	-0.182 (0.193)
R²	0.978	0.980	0.975	0.978	0.980	0.975	0.978	0.980	0.975
制造工程	1.019** (0.367)	0.928** (0.150)	1.130* (0.548)	0.127 (0.095)	0.125** (0.046)	0.111 (0.131)	-0.350 (0.387)	-0.183 (0.159)	-0.497 (0.566)
R²	0.934	0.984	0.869	0.934	0.984	0.869	0.934	0.984	0.869

续表

ICS 领域	产品、基础和方法标准			管理标准			安全、卫生和环境标准		
	进出口	出口	进口	进出口	出口	进口	进出口	出口	进口
能源热传	2.7531 ***	0.2709	3.0116 **	-0.5885	0.9534	-1.3267	-0.6874 ***	0.5052	-0.5335 **
	(0.9383)	(0.9913)	(1.1254)	(0.7517)	(0.5552)	(0.8997)	(0.2165)	(0.3308)	(0.2285)
R²	0.9020	0.9457	0.7764	0.9020	0.9457	0.7764	0.9020	0.9457	0.7764
电气工程	-0.061	-0.160	-0.024	2.705 **	2.835 ***	2.443 **	0.449 **	0.531 ***	0.410 **
	(0.368)	(0.346)	(0.398)	(0.958)	(0.936)	(1.043)	(0.177)	(0.182)	(0.173)
R²	0.962	0.966	0.951	0.962	0.966	0.951	0.962	0.966	0.951
电子学	3.962 ***	4.277 ***	3.860 ***	-1.166 *	-1.159 *	-1.149 *	0.804 ***	0.701 ***	0.848 ***
	(0.578)	(0.616)	(0.628)	(0.558)	(0.654)	(0.608)	(0.201)	(0.189)	(0.217)
R²	0.979	0.977	0.976	0.979	0.977	0.976	0.979	0.977	0.976
电信学	2.743 ***	3.378 ***	1.972 ***	-0.579	-0.906 *	-0.163	0.687 **	0.772 **	0.226
	(0.617)	(0.620)	(0.514)	(0.434)	(0.408)	(0.391)	(0.306)	(0.346)	(0.208)
R²	0.928	0.937	0.919	0.928	0.937	0.919	0.928	0.937	0.919
信息技术	1.425 ***	1.716 ***	1.098 ***	0.516 ***	0.551 **	0.482 ***	-0.053	-0.121	-0.058
	(0.230)	(0.326)	(0.138)	(0.177)	(0.247)	(0.106)	(0.116)	(0.142)	(0.074)
R²	0.981	0.976	0.990	0.981	0.976	0.990	0.981	0.976	0.990
成像技术	1.108 ***	1.407 ***	0.798 **	-0.054	-0.031	-0.037	0.883 ***	0.359	1.362 ***
	(0.290)	(0.320)	(0.283)	(0.317)	(0.253)	(0.472)	(0.238)	(0.209)	(0.320)
R²	0.963	0.962	0.955	0.963	0.962	0.955	0.963	0.962	0.955
精密机械	0.625 ***	0.590 ***	0.713 ***				0.156	0.179	-0.016
	(0.086)	(0.094)	(0.079)				(0.243)	(0.252)	(0.245)
R²	0.893	0.834	0.934	0.893	0.834	0.934	0.893	0.834	0.934
道路车辆	-0.726 **	-0.621	-0.764 ***	0.471 ***	0.509 ***	0.409 **	0.773 ***	0.806 ***	0.766 ***
	(0.298)	(0.538)	(0.248)	(0.117)	(0.125)	(0.129)	(0.150)	(0.210)	(0.159)
R²	0.911	0.880	0.871	0.911	0.880	0.871	0.911	0.880	0.871
造船船舶	1.214 **	1.369	0.141	0.473 **	0.340	0.481	0.210	0.688	-0.041
	(0.534)	(0.826)	(1.000)	(0.220)	(0.303)	(0.296)	(0.332)	(0.540)	(0.746)
R²	0.922	0.927	0.303	0.922	0.927	0.303	0.922	0.927	0.303
飞机航天	0.673 ***	0.732 ***	0.679 ***	0.691	1.702 *	0.631			
	(0.107)	(0.202)	(0.101)	(0.401)	(0.911)	(0.376)			
R²	0.581	0.540	0.590	0.581	0.540	0.590			
包装配送	0.835 ***	0.943 ***	0.563 ***	-0.689 ***	-0.759 ***	-0.488 ***	0.414 ***	0.379 ***	0.464 ***
	(0.051)	(0.052)	(0.059)	(0.055)	(0.057)	(0.070)	(0.061)	(0.058)	(0.081)
R²	0.984	0.985	0.956	0.984	0.985	0.956	0.984	0.985	0.956
纺织皮革	0.322 ***	0.349 ***	0.300 **				0.292 **	0.492 ***	0.039
	(0.070)	(0.043)	(0.106)				(0.103)	(0.078)	(0.140)
R²	0.926	0.950	0.809	0.926	0.950	0.809	0.926	0.950	0.809
服装工业	0.709 ***	0.705 ***	1.143 ***	0.392 **	0.394 **	-0.175	-0.504 ***	-0.536 ***	-1.193 **
	(0.079)	(0.081)	(0.314)	(0.169)	(0.180)	(0.303)	(0.108)	(0.112)	(0.453)
R²	0.958	0.953	0.766	0.958	0.953	0.766	0.958	0.953	0.766
农业	-0.128	-0.089	-0.068	0.346 **	0.407 ***	0.202	0.258 ***	0.279 ***	0.157 *
	(0.130)	(0.130)	(0.137)	(0.120)	(0.125)	(0.119)	(0.079)	(0.080)	(0.081)
R²	0.902	0.939	0.739	0.902	0.939	0.739	0.902	0.939	0.739

续表

ICS 领域	产品、基础和方法标准			管理标准			安全、卫生和环境标准		
	进出口	出口	进口	进出口	出口	进口	进出口	出口	进口
食品技术	0.714***	0.243	1.052***	0.044	0.119**	0.022	−0.341	0.076	−0.609
	(0.188)	(0.141)	(0.262)	(0.089)	(0.050)	(0.124)	(0.242)	(0.191)	(0.409)
R^2	0.966	0.966	0.940	0.966	0.966	0.940	0.966	0.966	0.940
化工技术	1.296***	1.166***	1.414***	0.085	0.601**	−0.367	0.045	−0.285	0.351
	(0.180)	(0.140)	(0.247)	(0.417)	(0.257)	(0.546)	(0.420)	(0.306)	(0.543)
R^2	0.945	0.964	0.926	0.945	0.964	0.926	0.945	0.964	0.926
采矿矿产	0.991***	1.388***	0.263	0.059	−1.056	0.124	0.313**	−0.186	1.685***
	(0.185)	(0.295)	(0.377)	(0.212)	(0.872)	(0.650)	(0.124)	(0.250)	(0.278)
R^2	0.945	0.770	0.936	0.945	0.770	0.936	0.945	0.770	0.936
土木工程	0.866***	1.687***	0.652***	1.454***	1.966***	0.802***	−0.511	−1.174**	−0.300**
	(0.160)	(0.227)	(0.153)	(0.301)	(0.417)	(0.250)	(0.254)	(0.408)	(0.135)
R^2	0.876	0.903	0.817	0.876	0.903	0.817	0.876	0.903	0.817
冶金学	1.850***	1.924***	1.838***	−1.037***	−1.995***	−0.712**	0.063	0.215	−0.009
	(0.119)	(0.201)	(0.133)	(0.279)	(0.349)	(0.273)	(0.173)	(0.252)	(0.169)
R^2	0.970	0.941	0.957	0.970	0.941	0.957	0.970	0.941	0.957
木材技术	0.460***	0.614***	0.377***	−0.153	−0.373*	0.047	0.335***	0.355***	0.281***
	(0.078)	(0.061)	(0.090)	(0.220)	(0.188)	(0.252)	(0.071)	(0.062)	(0.084)
R^2	0.968	0.971	0.948	0.968	0.971	0.948	0.968	0.971	0.948
玻璃陶瓷	1.119***	0.988**	1.490***	−0.050	0.096	−0.446**	0.393	0.468	0.131
	(0.364)	(0.401)	(0.285)	(0.214)	(0.226)	(0.210)	(0.316)	(0.349)	(0.258)
R^2	0.964	0.951	0.976	0.964	0.951	0.976	0.964	0.951	0.976
橡胶塑料	0.984***	1.374***	0.888***				0.123	−0.019	0.159*
	(0.097)	(0.164)	(0.089)				(0.085)	(0.150)	(0.087)
R^2	0.976	0.975	0.969				0.976	0.975	0.969
造纸技术	0.610***	0.586***	0.624***				0.305**	0.636***	0.200
	(0.080)	(0.088)	(0.127)				(0.108)	(0.218)	(0.160)
R^2	0.961	0.891	0.933				0.961	0.891	0.933
涂料颜料	2.063***	1.982***	2.154***				−1.563***	−1.372***	−1.742***
	(0.201)	(0.178)	(0.255)				(0.359)	(0.317)	(0.424)
R^2	0.918	0.927	0.893				0.918	0.927	0.893
建筑材料	0.316	0.318	0.670***	0.581	0.466	1.051***	0.397	0.477	−0.202
	(0.398)	(0.430)	(0.160)	(0.753)	(0.836)	(0.279)	(0.340)	(0.370)	(0.178)
R^2	0.693	0.681	0.911	0.693	0.681	0.911	0.693	0.681	0.911
军事工程	1.990	2.337	0.576						
	(1.909)	(1.965)	(1.695)						
R^2	0.003	0.004	0.000						
家用文娱	1.586***	1.665***	0.786**	0.330	0.321	0.383	−0.720*	−0.765**	−0.152
	(0.282)	(0.296)	(0.278)	(0.249)	(0.255)	(0.260)	(0.346)	(0.356)	(0.397)
R^2	0.923	0.921	0.869	0.923	0.921	0.869	0.923	0.921	0.869

注：括号中为异方差稳健的标准误，*、**、***分别表示10%、5%和1%的显著性统计水平。

4.1.5　主要结论

本小节依据 ICS 分类方法划分了 33 个技术部门，利用 1990 年—2010 年的标准和贸易数据考察了各个技术部门中不同分类的标准对于中国进出口贸易的效应。研究得出的主要结论如下：

第一，从部门层面上看，标准的增加对中国进出口贸易发展具有重要作用。国家标准、国际标准的增加都对中国各个技术部门的对外贸易产生了正面的促进作用，并且国际标准的影响力度还要大于国家标准。国家标准对进口贸易的促进作用大于对出口的促进作用，国际标准对出口贸易的推动作用大于对进口的推动作用。结合具体数据来看，在标准表现出显著的贸易促进效应的27 个 ICS 技术部门中，国家标准每增加 1%，各部门的进出口额、出口额和进口额平均增加 0.838%、0.741% 和 1.199%；国际标准每增加 1%，各部门的进出口额、出口额和进口额会分别增加 1.382%、1.614% 和 1.456%[1]。

第二，从标准类别来看，产品、基础和方法标准，管理标准，安全、卫生和环保标准等各类标准的增加也有助于中国对外贸易规模的扩大。产品、基础和方法标准在 28 个 ICS 技术部门中表现出显著的贸易促进效应，这类标准增加 1%，会分别带来各部门进出口贸易、出口贸易和进口贸易平均增加1.344%、1.446% 和 1.154%。管理标准在 13 个部门表现出显著的贸易促进效应，管理标准增加 1%，各部门的进出口额、出口额和进口额平均增加0.908%、0.921% 和 1.037%。安全、卫生和环保标准在 14 个部门中表现出显著的贸易促进效应，这类标准增加 1%，会分别带来各部门的进出口额、出口额和进口额增加 0.637%、0.673% 和 0.723%。[2]

第三，从标准构成来看，中国标准体系存在结构性的不平衡，并主要体现在三个方面：一，标准存量多的技术部门中，国际标准所占比重偏低。在标准量超过 1000 项的 7 个 ICS 技术部门中，有 4 个部门的国际标准占比仅处于21.9%—38.5% 之间。二，在各个 ICS 技术部门中，技术标准比重较高，管理标准所占比重偏低。在 33 个 ICS 技术部门中，有 22 个部门的基础技术标准所

---

① 按照表 4.1.5 所列具有统计上显著性的系数的简单算数平均计算。

② 按照表 4.1.7 所列具有统计上显著性的系数的简单算数平均计算。

占份额在90%以上，仅有1个部门的管理标准超过10%，12个部门的管理标准在1%—10%之间。三，技术标准中产品标准、基础标准和方法标准所占比重较高，安全标准、卫生标准和环保标准所占比重偏低。有22个部门的产品、基础和方法标准所占份额在90%以上，但在与人身安全、健康卫生密切相关的部门中，安全、卫生和环保标准严重缺失。

基于以上研究结论，本小节的政策意义也主要集中于三个方面：一，中国应继续发展和完善国家标准体系，提高国家标准更新和设定的及时性，在保证国家标准编制质量的基础上保证国家标准数量的稳步增长。二，积极采用国际标准和国外先进标准，提升国家标准化体系的国际化水平。三，注重优化国家标准体系结构，提高管理标准，安全、卫生和环保标准在国家标准中所占的份额，为应对技术性贸易壁垒、实现中国由贸易大国向贸易强国迈进提供有力支持。

4.2　标准与电子产品出口：来自中国的经验证据

4.2.1　引言

世界电子产品贸易的发展为提高生产率、改善人类福利和促进社会进步做出了重要贡献（Portugal-Perez，Reyes 和 Wilson，2010）。从基础的电子元器件、到消费类电子产品和电信产品，以及如今以计算机为平台的信息网络产品，电子产品已经与当代经济生活密不可分。1997 年—2005 年，信息技术和电子产品的全球贸易增加了一倍，超过 1.4 万亿美元（WTO，2007）。

随着全球生产网络的形成，发展中国家日益加入到全球供应链中，特别是那些包含系统、复杂原件的制造业，例如电子产品（WTO，2012）。以中国为例，自 1992 年以来，中国的出口结构发生了剧烈的变化：农业和软制造业，例如纺织品和服装所占的份额减少；硬制造业，例如消费类电子产品、家用电器和计算机等的出口比例明显增加（Amiti 和 Freund，2008）。2004 年，中国超过美国成为世界上最大的电子产品出口国，电子产业的年均增长率超过20%。2010 年，中国电子产品出口额达到 5912 亿美元，同比增长 29.3%，占总出口额的 37.5%。[①]

在电子产品领域，标准为保证产品质量、降低交易成本、形成规模化生产以及实现互操作性提供了关键的技术保障，是世界范围内电子产品面向系统化、分割化发展的前提条件，是联系全球电子产品市场、促进电子产品贸易发展的桥梁和纽带。电子产品领域的标准主要是由 ISO、IEC 等国际标准化组织与各国的标准设定机构贡献的，由于各国的自然条件、发展历史不尽相同，所以各国标准与国际标准之间也存在是否一致的问题。最近，产品标准的国际一致性（international harmonization）成为贸易政策研究的前沿领域和热点之一。

国内这方面的研究非常有限。作为电子产品出口大国，中国标准产生了怎样的贸易效应？是否促进了中国电子产品的出口贸易？WTO/TBT 协定规定：成员国在制定国家标准时，如果已经有国际标准的要以国际标准为基础制定。那么，采用国际标准是否促进了中国电子产品进入国际市场？这些是本小节重点考察的问题。本小节利用中国与 133 个国家和地区 1990 年—2010 年电子产品出口贸易的面板数据，应用引力模型首次研究了电子产品领域中国家标准、国际标准的贸易效应，并根据实证结果讨论了政策含义。我们先介绍实证方法和数据来源，然后汇报实证结果，最后是总结和政策含义。

与已有文献相比，本小节的边际贡献在于：第一，学者大多是从进口国角度考察标准的贸易效应，本小节则以出口国的标准作为研究对象，考察标准对于中国电子产品出口贸易的影响。第二，囿于数据的缺乏，已有研究大部分集中于发达国家，还没有来自发展中国家电子产业的实证研究，我们首次利用中国数据为电子产品领域技术标准的贸易效应提供经验证据。第三，本小节根据国家标准与国际标准的一致性、标准执行效力的不同将标准进一步细分为强制性的国家标准、自愿性的国家标准、强制性的国际标准以及自愿性的国际标准等四类，从而使研究结论更具有针对性。

4.2.2　实证模型

（1）研究方法

本书借鉴 Portugal-Perez，Reyes 和 Wilson（2010）以及 Mangelsdorf 等

[①]　参见中华人民共和国商务部网站，网址：http://www.mofcom.gov.cn.

（2012）的实证方法，在 Anderson 和 Van Wincoop（2003）经典引力模型的基础上构造如下出口模型：

$$\ln(Expo_{ikt}) = \alpha_i + \alpha_k + (\eta_i) \times (\delta_t) + (\varphi_k) \times (\delta_t) + \beta_1 \ln(mn_{kt}) + \beta_2 \ln(vn_{kt})$$

$$+ \beta_3 \ln(mh_{kt}) + \beta_4 \ln(vh_{kt}) + \gamma_1 \ln(expe_{it}) + \gamma_2 \ln(tariff_{it})$$

$$+ \gamma_3 \ln(dis_i) + \gamma_4 lan_i + \varepsilon_{ikt}$$

$$(4.2.1)$$

其中，i 代表中国的各个贸易伙伴国，k 代表电子产品种类，t 代表年份；

α_i 代表贸易伙伴国 i 的固定效应；

α_k 代表第 k 类产品的固定效应；

$(\eta_i) \times (\delta_t)$ 代表贸易伙伴国—年份固定效应；

$(\varphi_k) \times (\delta_t)$ 代表产品种类—年份固定效应；

$Expo_{ikt}$ 代表中国在 t 年向 i 国出口的第 k 类电子产品；

mn_{kt} 代表 t 年第 k 类电子产品领域中现行的强制性国家标准；

vn_{kt} 代表 t 年第 k 类电子产品领域中现行的自愿性国家标准；

mh_{kt} 代表 t 年第 k 类电子产品领域中现行的强制性国际标准；

vh_{kt} 代表 t 年第 k 类电子产品领域中现行的自愿性国际标准；

$expe_{it}$ 代表 t 年 i 国的国民总支出；

$tariff_{it}$ 代表 t 年 i 国制造业产品的平均关税率；

dis_i 代表 i 国和中国之间的双边地理距离；

lan_i 是描述 i 国和中国是否拥有共同语言的虚拟变量；

ε_{ikt} 是误差项。

（2）研究数据说明

本小节使用了国家标准化管理委员会（SAC）国家标准目录查询数据库，该库可以查询到国家标准号、标准属性、ICS 代码、采用国际标准号以及采用程度等信息。国家标准包括中国自主编写的国家标准（简称国家标准），以及在采用国际标准和国外先进标准的基础上制定的国家标准（简称国际标准）。标准按照标准的执行效力不同可以分为两类，即强制性的和推荐性的。推荐性的标准自愿执行而非强制实施，含义与 WTO/TBT 协定对于"标准"的解释一致。因此，本小节中所指自愿性标准，是指从国家标准目录数据库检索到的推荐性标准类别。

中国与世界上 133 个国家和地区①在 1990 年—2010 年间的电子产品出口额的有关数据来自 UN Comtrade 数据库，并以 1980 年不变美元价格计。各国的国民总支出、制造业产品的平均应用关税率等数据来自世界银行的 WDI（World Development Indicator，WDI）数据库。对于引力模型的其他核心变量，中国与贸易国之间的双边距离来自 HYPELINK②，语言的虚拟变量来自 CEPII Website。③为了统计口径及数据的可获得性，本书的研究时段为 1990 年—2010 年。

借鉴 Lall 等（2004）、Portugal Perez，Reyes 和 Wilson（2010）的研究方法，本小节建立了电子产品领域中国际分类标准代码（ICS）和标准国际贸易分类代码（SITC Rev. 2）的对应表（见表 4－8）以对该领域的标准数据和贸易数据进行合并归类。与已有研究一致，本小节的研究主要关注电子元器件（Electronic components），消费类电子产品和电信产品（Consumer electronics and telecoms）以及信息技术（Information technology）等三类电子产品。

表 4－8　国际分类标准代码与标准国际贸易分类代码之间的对应表

产品类别（k）	ICS 代码	ICS 名称	SITC 代码（Rev. 2）
1. 电子元器件	31	电子学	7761；7762；7763；7764；7768
2. 消费类电子产品和电信产品	33	电信学，音像工程	7611；7612；7621；7622；7628；7631；7638；7641；7642；7643；7648；7649

---

①　这 133 个国家和地区包括：Argentina；Albania；Algeria；Angola；Antigua and Barbuda；Australia；Austria；Azerbaijan；Bahamas；Bahrain；Bangladesh；Belarus；Belgium；Benin；Brazil；Brunei；Bulgaria；Cambodia；Cameroon；Canada；Chile；China，Macao SAR；Colombia；Costa Rica；Cote d'ivoire；Croatia；Cuba；Cyprus；Czech；De Congo；Denmark；Djibouti；Dominican；Ecuador；Egypt；Estonia；Ethiopia；Finland；France；Gabonese；Germany；Ghana；Greece；Guatemala；Guinea；Guinea；Honduras；Hong Kong；Hungary；India；Indonesia；Iran；Iraq；Ireland；Israel；Italy；Japan；Jordan；Kazakh；Kenya；Kuwait；Kyrgyz；Lao；Latvia；Lebanon；Liberia；Libya；Lithuania；Luxembourg；Madagascar；Malaysia；Malta；Marshall Islands；Mauritania；Mauritius；Mexico；Mongolia；Morocco；Mozambique；Myanmar；Namibia；Nepal；Netherlands；New Zealand；Niger；Nigeria；North Korea；Norway；Oman；Pakistan；Panama；Papua New Guinea；Paraguay；Peru；Philippine；Poland；Portugal；Qatar；Republic of Congo；Romania；Russia；Saudi Arabia；Senegal；Serbia；Singapore；Slovak；Slovenia；South Africa；Spain；Sri Lanka；Sudan；Sweden；Switzerland；Syria；Tajikistan；Tanzania；Thailand；Togo；Trinidad and Tobago；Tunisia；Turkey；Turkmen；United Kingdom；Ukraine；United Arab Emirates；Uruguay；United States；Uzbekistan；Venezuela；Vietnam；Yemen；Zambia；Zimbabwe。

②　网址：http：//www.geodistance.com。

③　网址：http：//www.cepii.fr。

续表

产品类别（k）	ICS 代码	ICS 名称	SITC 代码（Rev. 2）
3. 信息技术产品	35	信息技术，办公设备	7511；7512；7518；7521；7522；7523；7524；7525；7528；7591；7599

注：根据 Lall 等（2004）、Portugal Perez，Reyes 和 Wilson（2010）方法整理归类。

从图 4-3 可以看出，中国电子产品的出口构成在样本期内经历了波动。电子元器件产品的出口份额从 1990 年的 4.7% 增长到 2010 年的 17.6%，增长趋势较为平稳，2008 年之后增长幅度明显加大。第二类产品和第三类产品所占份额的变动趋势正好相反。消费类电子产品和电信产品的出口份额从 1990 年的 86.1% 大幅下降到 1996 年的 46.8%，此后始终在 40% 左右波动，2010年所占比例为 39.4%。信息技术产品的出口份额从 1990 年的 9.1% 陡增至 1996 年的 47.9%，2003 年最高比例为 52.9%，2010 年这一比例略有下降，为 43%。

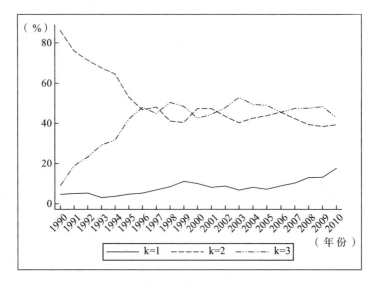

图 4-3 电子产品的出口构成 单位:%

数据来源：国家标准化管理委员会。

从图 4-4 看出，三类电子产品领域中的标准量也在同一时期明显增加。电子元器件的标准量从 1990 年的 170 项增加到 2010 年的 680 项，增长率达到

300%。消费类电子产品和电信产品的标准量从1990年的70项增加到2010年的1091项，增长近16倍！尽管1990年信息技术产品的初始标准量与前两种产品相比在数量上比较少，但在经历了十多年的高速增长之后，2010年信息技术产品的标准量已经远远超过了电子元器件、消费类电子产品和电信产品，并且继续表现出急速增长的趋势。信息技术产业科技含量高、技术更新快，这一数字也证实了它的发展与标准尤为密不可分。

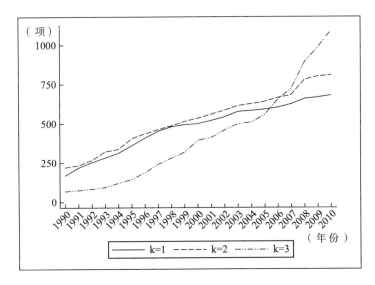

图4-4　三类电子产品的标准量（1990—2010）单位：项

数据来源：国家标准化管理委员会。

　　从表4-9、图4-5可以观察到三类电子产品标准构成的变化。整体来看，在三类电子产品领域中，强制性国家标准和强制性国际标准的数量很少，自愿性国家标准和自愿性国际标准占据绝对多数，增长速度也非常快。电子元器件领域没有强制性的国家标准，到2010年强制性的国际标准也仅有3项。1990年—1997年间，自愿性国家标准多于自愿性国际标准。从1998年开始，自愿性国际标准开始超过自愿性国家标准。自愿性国家标准从1990年的106项增加到2010年的291项，自愿性国际标准从1990年的64项增加到2010年的386项。在消费类电子产品和电信产品领域，强制性国家标准从1990年的12项增加到2010年的29项，自愿性国家标准从118项增加到2010年的339项，

强制性国际标准从 1990 年的 1 项增加到 16 项，自愿性国际标准从 1990 年的
91 项增加到 2010 年的 425 项。2001 年以前自愿性国家标准多于自愿性国际标
准，2001 年以后自愿性国际标准超过了自愿性国家标准。对于信息技术产品，
强制性国家标准从 1990 年的 5 项增加到 2010 年的 39 项，自愿性国家标准从
1990 年的 22 项增加到 407 项。1990 年还没有强制性国际标准，到 2010 年增
加到 8 项，自愿性国际标准从 1990 年的 43 项增加到 2010 年的 637 项。信息
技术产品的标准增长速度最快，2010 年标准量达到 1052 项，在三类电子产品
中占据首位。同时，电子元器件、消费类电子产品和电信产品都经历了一个自
愿性国际标准数量较少，然后迅速增加并超过自愿性国家标准的过程。对于信
息技术产品来说，1990 年自愿性国际标准的数量就几乎是自愿性国家标准数
量的一倍。

表 4-9　三类电子产品的标准构成（1990—2010）单位：项

年份	电子元器件				消费类电子产品和电信产品				信息技术			
	mn	vn	mh	vh	mn	vn	mh	vh	mn	vn	mh	vh
1990	0	106	0	64	12	118	1	91	5	22	0	43
1991	0	152	0	68	12	122	1	100	8	23	0	46
1992	0	175	0	79	15	139	1	114	8	28	0	48
1993	0	187	0	97	16	171	1	134	8	32	0	56
1994	0	201	0	112	17	180	1	139	8	37	0	77
1995	0	215	1	144	21	216	1	167	8	44	1	93
1996	0	226	1	181	21	238	1	176	8	49	1	131
1997	0	228	1	224	22	248	3	191	10	56	1	175
1998	0	232	1	248	22	251	3	211	10	63	1	207
1999	0	235	1	259	22	258	3	232	12	82	1	223
2000	0	236	1	263	22	262	4	247	12	91	1	289
2001	0	241	3	276	22	266	6	267	12	95	2	302
2002	0	251	3	289	22	272	6	285	12	108	2	338
2003	0	255	3	319	23	276	8	307	16	127	3	352

续表

年份	电子元器件				消费类电子产品和电信产品				信息技术			
	mn	vn	mh	vh	mn	vn	mh	vh	mn	vn	mh	vh
2004	0	258	3	323	25	280	9	312	17	134	3	355
2005	0	259	3	330	26	280	9	326	22	148	3	384
2006	0	259	3	342	27	289	9	340	23	194	5	432
2007	0	264	3	358	27	293	11	352	23	239	5	455
2008	0	279	3	377	27	326	13	415	39	290	6	558
2009	0	281	3	384	29	336	16	420	39	348	6	594
2010	0	291	3	386	29	339	16	425	39	407	8	637

数据来源：国家标准化管理委员会。

注：mn 代表强制性国家标准，vn 代表自愿性国家标准，mh 代表强制性国际标准，vh 代表自愿性国际标准。

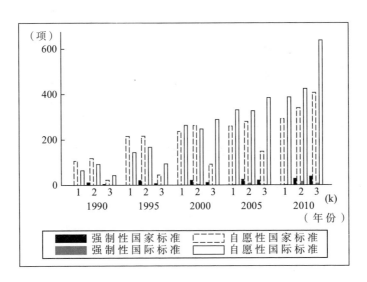

图 4-5　三类电子产品的标准构成 单位：项

数据来源：国家标准化管理委员会。

图 4-6 进一步描述了三类电子产品领域中国际标准占标准总量的比例，即国家标准体系的国际化水平。电子元器件的国际标准占比从 1990 年的

37.78%上升到2010年的56.8%，消费类电子产品和电信产品的国际标准占比从1990年的43.44%上升到2010年的54.52%，信息技术产品的国际标准占比从1990年的66.47%下降到2010年的60.57%。1990年信息技术产品的国际标准占比最高，消费类电子产品和电信产品次之，电子元器件最低。到1996年，电子元器件的国际标准占比已经超过消费类电子产品和电信产品2个百分点，达到42.47%，此后也一直保持了这一增长趋势。在2010年，国际标准占比最高的仍然是信息技术产品，然后是电子元器件，消费类电子产品和电信产品的国际标准占比最低，低于电子元器件约2个百分点。

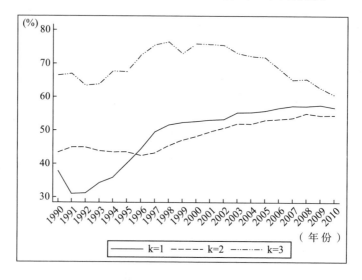

图4-6 三类电子产品的国际标准化水平 单位:%

数据来源：国家标准化管理委员会。

4.2.3 实证结果

（1）描述性统计

所有变量的描述性统计报告在表4-10中。自愿性国际标准的平均值约为257项，是强制性国家标准的20.26倍，自愿性国家标准的1.28倍，强制性国际标准的77.73倍。应用关税率的观察值要少一些，因为一些国家有些年份没有回报这些数据。在接下来的实证检验中，我们发现从回归中排除这一变量以后，标准变量的回归系数并没有发生显著的改变。

表 4 - 10　主要变量的描述性统计

变量	观察值	均值	标准差	最小值	最大值	变量说明
$Expo_{ikt}$	8358	0. 271	2. 04	0	56. 6	出口额
mn_{kt}	8379	12. 667	11. 458	0	39	强制性国家标准
vn_{kt}	8379	200. 127	93. 955	22	407	自愿性国家标准
mh_{kt}	8379	3. 302	3. 711	0	16	强制性国际标准
vh_{kt}	8379	256. 651	138. 232	43	637	自愿性国际标准
$expe_{it}$	6951	258	1030	0. 531	11900	国民总支出
$tariff_{it}$	5048	21. 104	14. 171	1	46	应用关税率
dis_i	8379	4968. 7	2511. 117	849. 8555	11786. 69	双边距离
lan_i	8379	0. 030	0. 171	0	1	共同语言

（2）引力模型的估计结果

本书的样本数据有一个显著特点，被解释变量存在大量的零值（约 16.7% 为零），属于设限数据（censored data）。我们采用了多种计量方法来提高估计的准确性。首先，对被解释变量实施对数转换，避免较高的出口额显著影响回归结果。其次，考虑到 Pooled OLS 回归在处理设限数据时局限性较大，采用对数转换又会排除出口额为零的观察值，权衡后我们借鉴 Frenkel 等（1997）的方法对所有出口额加 1 后进行对数转换，同时应用 Tobit 方法回归。这种处理方法会使出口额的均值增加 1 单位，并不会影响方差。但是 De Melo 和 Portugal-Perez（2008）也指出，待估参数对于这种增加 1 单位的处理方法是非常敏感的。所以，根据 Helpman，Melitz 和 Rubinstein（2008）的建议，我们最后使用了 Heckman（1979）提出的选择模型进行回归，即出口国第一阶段先决定是否出口某种电子产品（selection equation），第二阶段再决定出口多少（outcome equation）。Helpman 等（2008）证实该种方法能够提供一致估计量。应用这些方法，我们首先检验技术标准对中国电子产品出口总量的影响，再看这一影响是否随着电子产品种类的改变而变化。

表 4 - 11 是基于总量数据，利用 STATA 11.2 软件对引力模型进行回归的结果。从结果可以看出，各主要变量的估计系数都具有统计上的显著性，且符合理论预期。进口国国民总支出增加，会对中国电子产品出口产生强烈的拉动

作用。进口国的应用关税率越高，中国向这些国家出口的电子产品越少。同时，电子产品出口与中国和贸易伙伴国之间的双边地理距离呈现负相关关系，中国和贸易伙伴国拥有共同的语言也显著促进了中国的电子产品出口。

表4-11　标准与电子产品出口总量的回归检验

	(1) OLS	(2) OLS	(3) Tobit	(4) Heckman （outcome）	(5) Heckman （selection）
mn_{kt}	0.069 * * * (20.48)	0.081 * * * (27.73)	0.085 * * * (12.86)	0.067 * * * (19.73)	0.056 * * * (9.92)
vn_{kt}	-0.003 * * * (6.25)	-0.001 * * * (3.04)	-0.004 * * * (4.51)	-0.003 * * * (5.88)	-0.002 * * (2.52)
mh_{kt}	0.217 * * * (17.42)	0.200 * * * (18.12)	0.254 * * * (10.33)	0.210 * * * (16.57)	0.012 (0.27)
vh_{kt}	0.007 * * * (21.95)	0.006 * * * (22.31)	0.014 * * * (21.60)	0.006 * * * (19.40)	0.007 * * * (11.33)
$expe_{it}$	1.183 * * * (72.49)	1.197 * * * (89.69)	1.497 * * * (48.16)	1.144 * * * (67.76)	0.283 * * * (11.91)
dis_i	-0.767 * * * (13.68)	-0.729 * * * (15.34)	-0.865 * * * (7.92)	-0.747 * * * (13.14)	-0.114 (1.64)
$tariff_{it}$	-0.003 (1.18)		-0.022 * * * (5.34)	-0.001 (0.25)	-0.010 * * * (3.82)
lan_i	3.634 * * * (24.49)	3.458 * * * (25.97)	4.328 * * * (14.70)	3.548 * * * (23.46)	7.268 (0.00)
Cons	-10.584 * * * (16.50)	-11.581 * * * (22.05)	-20.070 * * * (16.25)	-9.484 * * * (14.45)	-6.129 * * * (7.33)
R^2	0.72	0.73			
N	4,167	5,951	4,500	4500	4500

注：*，* *，* * *分别表示10%、5%和1%的显著性检验水平。第（1）列对电子产品总量进行 Pooled OLS 回归；第（2）列也是对总量进行回归，但排除了关税变量；第（3）列对（$Expo_{ikt}+1$）进行 Tobit 回归；第（4）列和第（5）列分别汇报了 Heckman 选择模型的 outcome 和 selection 结果。

除了自愿性国家标准以外，强制性国家标准、强制性国际标准、自愿性国际标准的系数都显著为正，它们促进了中国电子产品出口贸易额的扩大。基于上述对多种计量方法优劣势的分析，我们主要以 Heckman（outcome selection）的实证结果展开分析。在 1% 的显著性水平上，这些标准每增加 1%，会分别使中国向世界出口的电子产品增加 6.7%、21% 和 0.6%。强制性国际标准的影响力度最大，强制性国家标准次之，自愿性国际标准最小。

自愿性国家标准的系数在所有的回归系数中都显著为负，每增加 1%，中国电子产品的出口额会减少 0.3% 左右。这一结果在一定程度上反映出自愿性国家标准并没有获得世界范围内消费者的普遍认可，或是这类标准更多地满足了中国国内消费者的偏好，但是国内消费者的偏好又与国外消费者对于产品的偏好存在显著差异。

表 4 - 12 是基于分类数据，利用 STATA 11.2 软件对引力模型进行回归的结果。根据以上对各类实证方法的利弊权衡及篇幅所限，这里仍以 Heckman（outcome equation）的结果展开分析。Heckman（outcome equation）的结果证实了标准对三类电子产品的贸易效应各有差异。自愿性国家标准和自愿性国际标准在第（1）列中的系数都为正值，说明这两类标准对中国的电子元器件出口发挥了积极的推进作用。自愿性国家标准与自愿性国际标准每增加 1%，会分别使中国电子元器件的出口增长 2.0% 和 1.3%。对于消费类电子产品和电信产品，第（3）列的结果显示所有标准变量的系数都在 1% 的统计水平上显著。强制性国家标准、自愿性国家标准都促进了消费类电子产品和电信产品的出口，并且前者的影响力度更大。这两类标准增加 1%，会分别使中国消费类电子产品和电信产品的出口增加 26.0% 和 2.5%。此外，自愿性国家标准、强制性国际标准则对消费类电子产品和电信产品的出口产生了负面影响。这两类标准增加 1%，中国向世界出口的消费类电子产品和电信产品会分别减少 2.1% 和 16.1%。对于信息技术产品，第（5）列的结果显示自愿性国家标准抑制了该类产品的出口，强制性国际标准以及自愿性国际标准都促进了该类产品的出口。强制性国际标准的影响力度更大，自愿性国际标准次之，自愿性国家标准最小。强制性国际标准、自愿性国际标准每增加 1%，中国向世界出口的信息产品会分别增加 31.3% 和 1.7%。自愿性国家标准增加 1%，出口会减少 1.5%。

表 4 - 12　标准与分类电子产品出口的回归检验

	电子元器件		消费类电子产品和电信产品		信息技术产品	
	(1) (outcome)	(2) (selection)	(3) (outcome)	(4) (selection)	(5) (outcome)	(6) (selection)
mn_{kt}			0.260*** (8.84)	0.086 (1.28)	-0.022 (1.37)	-0.032 (0.70)
vn_{kt}	0.020*** (4.63)	0.011*** (4.33)	-0.021*** (7.17)	-0.010 (1.46)	-0.015*** (6.41)	0.013 (1.19)
mh_{kt}	-0.045 (0.46)	0.322*** (4.44)	-0.161*** (4.91)	-0.108 (1.18)	0.313*** (3.64)	0.031 (0.21)
vh_{kt}	0.013*** (6.51)	0.001 (0.98)	0.025*** (9.70)	0.014** (2.34)	0.017*** (20.53)	0.003 (1.14)
$expe_{it}$	1.430*** (46.43)	0.666*** (20.99)	1.079*** (68.02)	0.169*** (5.73)	1.351*** (60.97)	0.279*** (10.49)
dis_i	-1.378*** (15.15)	-0.393*** (5.15)	-0.600*** (10.49)	-0.032 (0.31)	-0.405*** (5.49)	-0.035 (0.40)
lan_i	4.628*** (19.05)	10.328 (0.00)	2.672*** (16.11)	6.761 (0.00)	3.642*** (17.20)	6.632 (0.00)
Cons	-18.677*** (14.75)	-14.869*** (14.08)	-10.880*** (15.99)	-4.123*** (3.54)	-18.290*** (21.30)	-6.156*** (6.21)
N	2317	2317	2,317	2317	2,317	2,317

注：*，**，*** 分别表示 10%、5% 和 1% 的显著性检验水平。第（1）列—第（2）列、第（3）列—第（4）列和第（5）列—第（6）列分别汇报了对电子元器件、消费类电子产品和电信产品，以及信息技术产品进行 Heckman 估计的 outcome 和 selection 结果。

综合表 4 - 11 和 4 - 12 的结果来看，强制性国家标准的贸易促进效应，主要体现在对消费类电子产品和电信产品的出口上。这类产品通常是供消费者直接使用的最终产品，因此保障产品质量安全、人身安全的强制性国家标准发挥了积极的贸易促进作用。自愿性国家标准促进了第一类电子产品的出口，但不利用第二类和第三类产品的出口，对于后两类产品的贸易抑制效应大于对第一类产品的贸易促进效应，因此整体上自愿性国家标准表现为抑制了中国电子产品的出口。强制性国际标准负面影响了第二类产品的出口，促进了第三类产品的出口，对于后者的贸易促进效应几乎是对前者的贸易抑制效应的两倍，因此整体上强制性国际标准表现为促进了中国向世界出口电子产品。如果我们再考察表 4.2.2 中的数据就会发现，在样本期内第二类产品的国际标准增长的最快，从 1990 年的 1 项增加到 2010 年的 16 项！在同一时期，电子元器件和信息技术产品的国际标准则从 0 项增加到 3 项，从 0 项增加到 8 项。更为重要的是，在所有的模型估计结果中，自愿性国际标准始终表现出显著的贸易促进效应，它们对于电子产品总量、三类电子产品的贸易促进效应分别为：0.6%、1.3%、2.5% 和 1.7%。

（3）稳健性检验

我们还进一步做了如下的稳健性检验以保证以上实证结果的可靠程度：

① 对于总量数据和分类数据，分别将样本期缩小到 1995 年—2010 年再进行 Heckman 回归，结论基本不变；

② 为了处理标准量与贸易额之间可能存在的内生性，我们借鉴这一领域的常用方法（Moenius，2004；Portugal-Perez，Reyes 和 Wilson，2010；Mangelsdorf，Portugal-Perez 和 Wilson，2012），分别用滞后 2 期和滞后 5 期的标准量作为工具变量对总量数据和分类数据进行 Heckman 回归。结果显示，自愿性国际标准始终保持了统计上显著的正效应，其他结论基本保持不变。

表 4－13　稳健性检验

	Total	Total	Total	k = 1	k = 2	k = 3
	(1) (outcome)	(2) (outcome)	(3) (outcome)	(4) (outcome)	(5) (outcome)	(6) (outcome)
mn_{kt}	0.073*** (25.00)					
vn_{kt}	−0.002*** (5.39)			0.048*** (4.62)		
mh_{kt}	0.218*** (20.04)			−0.069 (0.62)		
vh_{kt}	0.004*** (11.46)			0.007** (2.07)		
mn_{kt-2}		0.086*** (25.56)			0.194*** (5.45)	
vn_{kt-2}		−0.019*** (42.11)			−0.067*** (18.42)	
mh_{kt-2}		0.105*** (8.24)			−1.307*** (28.78)	
vh_{kt-2}		0.022*** (61.72)			0.097*** (28.86)	

续表

	Total	Total	Total	k = 1	k = 2	k = 3
	（1） （outcome）	（2） （outcome）	（3） （outcome）	（4） （outcome）	（5） （outcome）	（6） （outcome）
mn_{kt-5}			0.074*** （13.33）			-0.053* （1.74）
vn_{kt-5}			-0.018*** （22.30）			-0.029*** （6.80）
mh_{kt-5}			0.088*** （4.34）			0.574*** （3.93）
vh_{kt-5}			0.019*** （28.21）			0.024*** （20.66）
$expe_{it}$	1.229*** （83.73）	1.234*** （77.66）	0.561*** （8.17）	1.356*** （37.69）	1.057*** （53.78）	1.231** （38.25）
dis_i	-0.763*** （15.25）	-0.738*** （15.02）	3.904*** （17.44）	-1.486*** （12.91）	-0.001 （0.21）	-0.060*** （7.02）
$tariff_{it}$				-2.267** （2.06）	-0.578*** （8.34）	-0.323** （2.90）
lan_i	3.369*** （23.23）	3.429*** （24.76）	18.584*** （32.56）	4.315*** （11.78）	2.331*** （10.16）	3.149*** （8.41）
Cons	-10.780*** （19.39）	-10.406*** （18.27）	-0.074*** （13.33）	-21.173*** （9.80）	-8.845*** （5.38）	-12.682*** （9.86）
N	5, 391	6, 949	8, 374	1, 177	2, 315	1363
Comments	1995—2010 年	滞后 2 期	滞后 5 期	1995—2010 年	滞后 2 期	滞后 5 期

注：*，**，***分别表示10%、5%和1%的显著性检验水平。（1）–（5）均为 Heckman（outcome）回归结果，其中（1）–（3）对标准和贸易总量进行 Heckman 回归，排除了关税变量。（4）–（6）分别对三类电子产品进行 Heckman 回归，k = 1 代表电子元器件，k = 2 代表消费类电子产品和电信产品，k = 3 代表信息技术产品。（5）和（6）分别使用了滞后 2 期和滞后 3 期的标准变量。

4.2.4　主要结论

本小节利用中国 1990 年—2010 年三类电子产品出口的面板数据，首次实证检验了国家标准、国际标准对中国电子产品出口贸易的影响。主要结论归纳如下：

（1）国家标准、国际标准对中国电子产品的出口贸易具有显著且稳健的作用。从总量上看，强制性的国家标准、强制性的国际标准以及自愿性的国际标准均正面促进了中国电子产品的出口贸易。这一方面反映出就电子产品领域而言，中国国家标准在世界范围内还没有得到各国消费者的普遍认可与接受。另一方面，中国的国家标准体系应继续在熟悉和适应 WTO 规则的基础上建立和发展。WTO 是以经济自由化和透明度为精髓的市场经济规则的制定者，成为 WTO 成员国就必须按照自己和这一组织共同确定的价值评判标准和游戏规则去从事商业活动。"游戏规则统一"意味着"中国特色"不可能成为特立独行的藉口（房庆和于欣丽，2003）。

（2）国家标准、国际标准的贸易效应随着标准执行效力的不同以及产品种类的差异而变化。强制性标准由法律法规保证实施，贸易效力的力度通常比较大。例如，强制性国家标准对于消费类电子产品和电信产品的边际促进效应可以高达 26.0%，强制性国际标准对于信息技术产品的边际促进效应可以达到 31.3%。这种效应也可以显著为负，强制性国际标准就显著地抑制了中国消费类电子产品和电信产品向世界的出口。从理论上来说，自愿性标准不受政府和社会团体的利益干预，可以更加科学地规定特性和指导生产。但从电子产品出口的总量数据来看，自愿性国家标准并没有显示出积极的贸易促进效应。自愿性国家标准仅表现出促进了中国电子元器件的出口，边际影响力度也较小。

（3）自愿性国际标准的增加是推动中国电子产品走向国际市场的重要力量。自愿性国际标准对于电子产品的贸易促进效应显著且稳健，也不会随产品种类的不同和实证方法的差异而改变。对于电子产品出口总量而言，自愿性国际标准的贸易促进效应约为 0.7%—1.4%；对于电子元器件、消费类电子产品和电信产品，以及信息技术产品，这一效应分别为 1.3%、2.5% 和 1.7%。图 4-5 的数据显示，三类电子产品的自愿性国际标准数量都在迅速增加，可以预见自愿性国际标准对于中国电子产品出口将会发挥越来越重要的影响。积极采用国际标准是应对技术贸易壁垒、融入世界市场和实现经济全球化的必然选择，也是世界经济发展和人类社会进步的潮流和大势所趋。

以上研究成果也为中国标准化体系的完善对于中国电子产品出口贸易发展的支持作用提供了证据，对建设电子产品标准体系，增加电子产品出口来讲具有以下重要的政策意义：第一，技术标准的贸易效应与标准的执行效力、产品种类有关，中国应注重优化各类电子产品领域中国家标准体系的结构，包括国家标准与国际标准所占的比例、强制性标准与自愿性标准的比例等。第二，标准的贸易效应最终取决于标准的贯彻实施，中国应审慎确定强制性标准的范围和种类，对强制性标准、自愿性标准的实施情况进行监督。最后，中国应积极采用国际标准，以合理的增长速度进一步提高国际标准在电子产品标准领域中所占的份额。长期来看，加强与标准领域中主要国际组织的协商交流，更多实质性地参加国际标准化活动，将国家标准稳步提升为国际标准依然是中国参与全球经济竞争的必然趋势。

第 5 章　微观层面：基于贸易企业行为的实证

5.1　兼容性标准与数字产品贸易：理论框架

5.1.1 引　言

随着关税、配额和自愿出口限制等传统贸易壁垒对国际贸易的影响逐渐减弱，无形贸易壁垒或非关税壁垒（Non Tariff Barriers，NTBs）日益成为国际贸易摩擦的新焦点，其中标准化常常被用作主要手段（Shy，2011），特别是那些几乎完全依赖于兼容性的现代网络产业（Farrell 和 Saloner，1992）。

以依托数字技术提供信息产品的数字产业①为例，为了维护国内数字信息和通讯技术网络以及基础设施的完整性，从国外进口无线通讯和广播服务设备通常都受到严格的限制，因为它们必须与已经在国内市场许可和部署的网络基础设施、频谱分析、干扰抑制和数字安全标准等保持兼容。很多事例均显示出一国对外国企业推行过于严格的兼容性标准的做法已经产生了贸易抑制效应（Klimenko，2009a）。尽管 WTO/TBT 协议规定各国在实施技术标准时不应对国际贸易造成不必要的障碍，但由于非关税壁垒的灵活性与隐蔽性，目前世界上 80% 的贸易量依然受到标准或者技术法规的影响。中国连续 17 年成为受贸易摩擦影响最多的国家，其中大部分都与产品的制造标准有关。2011 年 1

---

① Bhattacharjee 等（2011）对数字市场的发展历史及理论研究进行了综述，并对当前关于数字市场的研究拓展进行了展望。

月—8 月美国提出的 TBT 通报数（70 份）远远超过上期（41 份）。同时，美国在高调参与跨太平洋伙伴关系协议（Trans-Pacific Parternership Agreement, TPP）的谈判中，始终强调"亚太经济体之间标准的差异为贸易和投资设置了障碍"。①

标准是国际贸易的基石，标准的贸易效应也一直在国际贸易政策研究中占据重要地位，是学者探讨的热点之一。但已有的贸易政策文献主要集中在质量标准、环境标准与劳动标准（Hallak，2006；Barry，2008；Ederington，2010等）方面，针对与数字产品贸易密切相关的兼容性标准的讨论相对很少，这是本小节主要关注的内容。具体来说，本小节将研究以下几个重要的问题：第一，在具有网络外部性的数字产品市场上，一国政府对外国企业推行过于严格的兼容性标准的动机是什么？第二，东道国政府设定兼容性标准，外国政府实施补贴的贸易政策会对本国市场上的企业竞争行为产生何种影响，进而对企业利润、消费者剩余和一国福利产生何种影响？第三，兼容性标准具有哪些贸易政策含义，政府对于兼容性标准与转换技术应该采取怎样的态度？

本小节的研究首先与国际贸易领域中探讨国际标准化的一支文献有关。现代经济发展中，一项技术成为专利可能会影响一家或几家企业，如果成为标准就会影响整个产业，甚至是国际层面的国家竞争力。因此，政府在那些发展迅猛、先进技术层出不穷的新兴产业中推行标准，蕴含着强烈的战略含义。Gandal 和 Shy（2001）建立了一个三国水平差异化模型，最早对国际交往中本国政府认可外国标准的动机进行了分析。研究发现：在存在网络外部性和转换成本的情况下，当政府的决策仅限于承认所有的外国标准或是完全不承认外国标准时，一国政府会选择承认外国标准。若转换成本相对较大，其中两个国家形成不认可第三国标准的标准化联盟将会增加社会福利。标准化联盟的形成使得成员国中一部分使用第三国产品的消费者转向使用成员国的产品。因此，在标准化联盟形成后，成员国之间的贸易量会增加，成员国与非成员国之间的贸易量会减少，对于社会总福利的整体影响取决于贸易创造效应和贸易转移效应的相对大小。若网络外部性非常显著，各国会认可所有的标准并且没有动机去形

---

① 数据与相关内容整理自技术壁垒资源网，网址：http://www.tbtmap.cn/portal/Contents/Channel_2704/2011/0603/120395/content_120395.jsp

成标准化联盟。

或者完全认可、或者完全不认可外国的标准，这个假设是比较强的，对于数字产业而言，一国政府还可以设置一定的兼容性标准，而企业可以通过转换技术予以实现。在 Klimenko（2007，2009a，2009b）的分析框架中，首次考虑了这类涉及兼容性标准的贸易政策，研究发现：若因受到 WTO 等国际公约有关国民待遇、最惠国待遇等非歧视原则的限制，参与贸易的两国政府仅能策略性地使用有关兼容性标准的贸易政策工具而非传统的贸易政策手段，那么在国际双头垄断市场上非合作博弈的结果将取决于网络外部性的强度。若网络外部性非常强，在外国企业必须遵循兼容性标准而其政府实施贸易政策干预时，外国企业的市场份额会高于社会均衡水平。随着网络外部性的强度逐渐降低至零，这种过度采用的非均衡水平会逐渐减弱至零，政府政策干预的强度也随之减弱。

本小节的研究还与网络产业组织理论中有关转换技术的文献有关。Farrell 和 Saloner（1992）运用 Hotelling 模型考察了在具有网络外部性的市场上，企业提供转换技术的动机以及转换技术对于市场均衡的影响，研究发现：尽管与完全实现标准化相比，转换技术可以在不失去产品多样性的前提下获取来自兼容性的收益，但是获取这种收益的前提是转换技术的价格低廉，并且转换是近乎完美的。在网络外部性非常显著的情况下，通过标准化实现社会福利最大化必然对个人追求多样性的偏好产生限制。如果不存在转换技术，个人激励和社会激励之间的不一致会产生市场的无效率。如果存在转换技术，又会降低个人不采用社会最优标准的成本，采用社会最优标准的网络规模进一步缩小，加重了市场上无效率的程度。因此，作者的结论是转换技术对于福利的影响是不明确的。

Choi（1997）依然沿用了转换器价格高昂这一假设，并且认为如果提供转换技术的转换器能够实现双向转换，那么与公共产品提供的两难困境类似，彼此不可兼容的每一方都会希望对方提供双向转换技术而自己搭便车。在 Choi 的模型中，预期市场的新进入者将承担购买转换器的成本，因为老客户可以享受已经形成的老产品网络带来的先动优势。同时，购买转换器的预期收益又会影响对方产品网络的大小。Choi 还对 Farrell 和 Saloner 的模型进行了改进：假设在某一时点之前，市场上的用户仅能选择一种技术，但是在此之后，随着另一种不可兼容的新技术开始进入市场，消费者可以选择两种技术中的一种。假定新技术优于旧技术，这样就会有采用新技术的消费者，即使这意味着他们放弃了来自旧技术安装基础扩大可能带来的来自网络外部性的正反馈。在这种假设下，可以实现部分兼容的转换器不仅会为老客户带来收益，同时也会为使用新产品的用户带来收益。

以上两方面的文献为理解国际标准化与转换技术提供了宝贵的积淀，但与数字市场日新月异的发展相比，还需要放松理论研究的一些假设前提才能更加贴近现实。从贸易领域来看，已有研究还没有讨论通过转换技术①实现事后兼容对于数字产品贸易的重要含义，以及知识产权保护对企业提供转换技术可能产生的影响。Gandal 和 Shy（2001）的研究中没有涉及兼容性标准和转换技术。Klimenko（2009a）在建立模型时简化了实现兼容性的微观机制，假定竞争产品之间的界面受到外国企业的控制，只有外国企业一方能够做出修改其产品以提升兼容性的行动。从网络产业组织理论的角度来看，已有研究都侧重于在封闭经济中探讨企业的市场竞争，这与数字技术发展形成全球化浪潮的背景相比也存在差距。此外，Farrell 和 Saloner（1992）、Choi（1997）的研究中都假设转换成本的费用十分高昂，在位企业为了维护先动优势常常不愿意与竞争企业保持兼容性，或是有意采用专门的设计以提高转换成本。这些假设在很大程度上带有明显的时代烙印。随着数字技术取代模拟技术成为存储信息的主要方式之后，数字产品市场上更为常见的是价格低廉甚至免费提供的转换技术，如数字音频转换技术、数字视频转换技术等等，转换质量是近乎完美的。世界范围内反垄断法和各国维护市场公平的有关规定也使得在位企业如果拒绝与竞争对手保持兼容通常会引起强烈的反对②，承受不利于企业形象的舆论压力。

---

① 为了达到兼容性的标准，外国企业需要对自己提供的数字产品进行修改以提升兼容性，这通常是通过采用转换技术予以实现的。转换技术在很多领域都可见到，例如国内外电压等的转换器。现实经济中存在专门提供转换技术的企业，它们的产品如电压电流转换技术、功率转换技术等可以实现不同物理条件下传统产品之间的互操作性。但是对于数字产品而言，情况则有所不同。数字市场上不仅存在着大量不可兼容的技术标准，而且更为重要的是，这些技术标准通常是受到知识产权保护的。

② 例如，Novell 于 2004 年对微软提起诉讼，称微软在推出 Windows 95 时不恰当地对待其他软件公司，违反了美国的反垄断法。2011 年 11 月 22 日，微软创始人 Bill Gates 出庭 Windows 95 反垄断案并作证称，微软在推出 Windows 95 的最后时刻对一些技术细节进行了改动，从而使 Windows 95 不再支持 Novell 的文字处理软件 WordPerfect。在中国工业和信息化网站于 2011 年 1 月 12 日发布的《互联网信息服务市场秩序监督管理暂行办法（征求意见稿）》中，特别规定互联网企业不得"无正当理由，擅自对其他经营者提供的合法产品或服务实施不兼容"，不得"因非人为因素与已有的其他经营者提供的合法产品或服务不兼容时，未主动向用户进行客观提示，或欺骗、诱导客户做出选择"。

数字产品和数字市场的这些特征为促进贸易与网络产业组织这两个领域的融合提供了很大的扩展空间。

Liu 等（2011）的最新研究是从网络产业组织理论出发，首次结合数字产品特征考察了在具有网络外部性的 IT 市场上转换技术对于企业竞争策略和社会福利的影响。与 Klimenko（2009a）假定外国企业拥有对产品界面的控制权不同，Liu 假定竞争双方的技术标准都是受到知识产权保护的，是否提供转换技术取决于参与竞争企业之间的谈判博弈。不过 Liu 的分析仅限于分析封闭经济中一国市场上两家本国企业之间的竞争，并没有考虑开放条件下有关兼容性标准的贸易政策可能会对数字市场上的国内外企业竞争产生的影响。考虑到世界范围内数字化浪潮的兴起与迅猛的发展态势，进一步扩展至开放经济条件显然是极为必要的。

因此，本小节试图将以上国际贸易理论和网络产业组织理论的两种分析思路予以整合，建立一致的分析框架为理论研究提供更加贴近现实的考虑。与已有研究的不同之处在于，本小节将兼容性标准贸易政策的分析建立在网络产业组织企业竞争理论的微观基础之上，在开放经济条件下引入转换技术由企业谈判内生提供的假设，重点阐述政府推行兼容性标准的动机，以及在兼容性标准约束下竞争企业有关转换技术的谈判博弈的均衡特征，并基于福利评价总结出政府对于兼容性标准和转换技术的贸易政策与公共政策含义。

5.1.2　政府设定过于严格的兼容性标准的动机

首先考虑将以上研究的主要问题进行理论上的抽象和一般化。与这一领域经常用到的研究方法一致，我们同样以 Farrell 和 Saloner（1992）、Klimenko（2009a）的理论模型为基础，通过刻画消费者对于产品的异质性偏好来建立消费者的效用函数。假设本国市场上存在本国企业 A 和外国企业 B 两类企业，分别提供不可兼容的耐用数字产品[①]$j \in \{a, b\}$，企业之间完全自由竞争并分别位于长度为 1 的本国市场的两个端点上，消费者均匀分布在［0，1］单位区间内（如图 5 - 1 所示）。

---

① 在理论上非实体化的数字内容是不存在磨损的（durable since there is no wear and tear），因此假设数字产品为耐用商品（Bhattacharjee，2011），从而有利于下文从静态扩展到动态的相关分析。

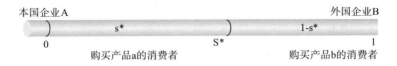

图 5-1　完全竞争条件下本国企业 A 和外国企业 B 的市场份额

为了不失一般性，我们假设产品最初的边际生产成本为 0[①]，但消费者购买任一企业的产品需要付出运输成本，运输成本与消费者离该企业的距离成正比，假定单位长度的运输成本为 l。用 r 表示消费者购买任意数字产品都可以获得的保留效用[②]，那么位于 $s^* \in [0,1]$ 处的消费者购买数字产品 a 获得的效用可以表示为 $r + s^*$，购买数字产品 b 获得的效用则表示为 $r + (1 - s^*)$。由于存在网络外部性[③]，购买任一产品的消费者的效用还会随着购买另一种与自己的产品保持兼容的产品的消费者数量的增加而增加。用 $\theta \in \{0,1\}$ 表示两种产品间可兼容的程度，α 表示网络外部性的强度，并假设购买数字产品 a 的消费者数量为 s^*，那么这部分来自网络外部性的效应可以表示为 $\alpha[s^* + \theta(1 - s^*)]$，相应的购买数字产品 b 的消费者效用表示为 $\alpha[(1 - s^*) + \theta s^*]$。于是，购买两种产品的消费者的总效用表示为：

$$V^a = v^a + nv^a - l^a - p^a$$
$$= r + s^* + \alpha[s^* + \theta(1 - s^*)] - s^* l - p^a \tag{5.1.1}$$

$$V^b = v^b + nv^b - l^b - p^b$$
$$= r + (1 - s^*) + \alpha[(1 - s^*) + \theta s^*] - (1 - s^*)l - p^b \tag{5.1.2}$$

其中，v^j 表示消费者获得的与产品特性无关的保留效用与异质性偏好带来的效用之和，这部分效用与网络外部性无关，nv^j 表示来自网络外部性的效用，l^j 表示运输成本，p^a 和 p^b 分别是产品 a 和 b 的价格。假设位于 s^* 处的消费者对于购买两种数字产品是无差异的，则满足 $V^a = V^b$，由此可以得出两种产品的市场份额与价格分别是：

---

　① 为了下文分析计算的方面，我们假设生产的边际成本为零，但是这个假设并不影响本书的主要结论。

　② 假设保留效用足够大，因此市场上的消费者总是存在对数字产品的单位需求。

　③ 根据 Shy（2011）定义，"网络效应是一类特殊的外部性，其中消费者的效用和/或企业的利润直接受到使用同样（或可兼容）技术的消费者和/或生产者的数量的影响"。在"网络效应"和"网络外部性"的概念之间，学者仍有争议。本书在下面的叙述中将采用"网络外部性"的提法。

$$1 - s* = \frac{1}{2} + \frac{1}{2}\left[\frac{p^b - p^a}{1 + \alpha(1 - \theta) - l}\right] \;;\; s* = \frac{1}{2} + \frac{1}{2}\left[\frac{p^a - p^b}{1 + \alpha(1 - \theta) - l}\right]$$

$$(5.1.3)$$

$$p^a = \frac{1}{2} + \frac{1}{2}\left[\frac{p^b - p^a}{1 + \alpha(1 - \theta) - l}\right] \;;\; p^b = \frac{1}{2} + \frac{1}{2}\left[\frac{p^a - p^b}{1 + \alpha(1 - \theta) - l}\right]$$

$$(5.1.4)$$

观察（5.1.1）、（5.1.2）和（5.1.3）式可以发现，因为存在网络外部性，所以随着兼容性水平 θ 的提高，消费者的总效用与对两种产品的需求都会增加。（5.1.4）式显示，在完全竞争的市场环境中，两类产品的价格会随着兼容性水平的提高以及消费者需求的增加而上升。

假设本国政府开始对意图进入本国市场的外国产品设定兼容性标准。为了遵循这一标准，提供数字产品 b 的外国企业需要提升与本国数字产品 a 的兼容性，假设提升兼容性的单位成本用 c 表示[①]。在引入兼容性成本之后，外国产品的价格上升为 $p^b = \frac{1}{2} + \frac{1}{2}\left[\frac{p^a - p^b}{1 + \alpha(1 - \theta) - l}\right] + c$。对于外国政府而言，可以选择的政策工具是针对该国企业所必须满足的兼容性水平实施税收或补贴，假设为 γ。那么在本国市场上外国产品的价格进一步表示为 $p^b = \frac{1}{2} + \frac{1}{2}\left[\frac{p^a - p^b}{1 + \alpha(1 - \theta) - l}\right] + (1 + \gamma)c$，均衡时两种产品的市场份额与价格分别是：

$$1 - s* = \frac{1}{2}\left[1 + \frac{(1 + \gamma)c}{2 + \alpha(1 - \theta) - l}\right] \;;\; s* = \frac{1}{2}\left[1 - \frac{(1 + \gamma)c}{2 + \alpha(1 - \theta) - l}\right]$$

$$(5.1.5)$$

$$p^a = \frac{1}{2}\left[1 + \frac{(1 + \gamma)c}{2 + \alpha(1 - \theta) - l}\right] \;;\; p^b = \frac{1}{2}\left\{1 + \frac{(1 + \gamma)c[5 + 2\alpha(1 - \theta) - 2l]}{2 + \alpha(1 - \theta) - l}\right\}$$

$$(5.1.6)$$

观察（5.1.6）式可以发现，随着可兼容程度 θ 的提高，两种产品的价格均会上升（ $\partial p^a/\partial\theta > 0$, $\partial p^b/\partial\theta > 0$ ）。在东道国设定兼容性标准、外国政府对其企业实施政策干预的情况下，税收或补贴水平会进一步影响本国市场上两种产品的价格。比较 p^a 和 p^b 可以看出，遵循东道国的兼容性标准增加了

---

① 假设是 c 的 θ 增函数，表示单位成本会随着两种产品之间兼容性程度的上升而增加。

外国企业的边际生产成本，导致数字产品 b 的价格与数字产品 a 相比上升的更快。在两种产品是可替代的情况下，本国市场上的消费者就会更多地倾向于购买本国企业提供的数字产品 a，而不是数字产品 b。因此达到均衡时，本国产品 a 的市场份额超过了外国产品 b 的市场份额。

命题 1　在东道国设定兼容性标准、外国政府对其企业实施税收或补贴的情况下，若遵循兼容性标准的成本仅由外国企业承担，一国政府就会有动机为外国企业设定过度严格的兼容性标准。这种标准会提高外国产品的价格，缩小其市场份额，进而产生贸易抑制效应。

这一命题对于数字产品贸易而言具有重要意义。1997 年 3 月，占全球信息技术产品 92.5% 的 39 个国家和地区在日内瓦签订信息技术协定（Information Technology Agreement，ITA），旨在将一系列 IT 产品的关税消减至零。在此之后由于国内标准与法规引起的贸易争端日益增加并受到贸易各方的普遍关注。标准的存在由来已久，产品、安全等各类标准不仅是一个产业发展成熟的标志，也可以作为国际通用的商业技术语言促进贸易双方的交流与合作，可以说没有标准就没有贸易。但是另一方面，正如 WTO（2005）的报告中所指出的，技术标准也可以被用于暗含保护主义的措施，提高那些试图开拓国外市场的贸易企业的生产和运行成本。在参与国际贸易的过程中，对这类技术性贸易措施的双重性质的考察和甄别无疑是非常重要的。

5.1.3　兼容性标准贸易政策下的企业博弈

以上分析是在完全竞争的比较静态分析框架内进行的，下面进一步拓展至不完全竞争下的动态博弈。假设本国企业 A 和外国企业 B 先后进入本国数字市场，并受到兼容性标准贸易政策的影响。具体来讲，在第一阶段，仅有本国企业 A 并成为市场的垄断者；在第二阶段，本国政府为试图进入本国市场的外国企业设定兼容性标准，为了遵循兼容性标准，本国企业与外国企业就提供转换技术进行谈判，双方达成一致后外国企业 B 进入本国市场，与在位企业 A 展开竞争。① 消费者既可以选择在第一阶段购买本国产品 a，也可以选择在第二阶段购买本国产品 a 或外国产品 b。因为数字产品是耐用消费品，所以在第

---

① 与基本模型的假设一致，为了不失一般性，我们依然假设产品的边际生产成本为 0。

一阶段购买产品 a 的消费者不仅会获得当期来自网络外部性的效用，也可以获得下一期用户网络增大带来的正反馈。[①] 假设在两个阶段购买产品 a 无差异的消费者位于 i＊处，在第二阶段购买产品 a 和 b 无差异的消费者位于 s＊处，那么本国企业 A 在第一阶段的市场份额可以表示为 1 － i＊，在第二阶段的市场份额是 i＊ － s＊，外国企业 B 在第二阶段的市场份额可以表示为 s＊（如图 5－2 所示）。这样，在 $t \in \{1,2\}$ 阶段购买数字产品 $j \in \{a,b\}$ 的消费者的总效用函数可以表示为：$V_t^j = v_t^j + n v_t^j - p_t^j$。等式右边第一项表示消费者购买数字产品获得的保留效用和来自异质性偏好的效用，这部分效用与网络外部性无关；第二项描述网络外部性带来的效用；p_t^j 表示数字产品在两个阶段的价格。本国企业 A 在两个阶段可以调整产品 a 的价格。

图 5－2　不完全竞争条件下本国企业 A 和外国企业 B 的市场份额

在第一阶段，本国市场上的消费者仅能购买本国企业提供的数字产品 a，其效用函数可以表示为：

$$V_1^a = v_1^a + n v_1^a - l_1^a - l_2^a - p_1^a$$
$$= r + 2s + \alpha(1 - s*) - (1 - i*)l - (i* - s*)l - p_1^a \tag{5.1.7}$$

在第二阶段，随着外国企业提供的数字产品 b 进入本国市场，消费者不仅可以选择购买本国企业 A 生产和销售的数字产品 a，而且可以购买由外国企业 B 提供的数字产品 b。消费者的效用函数可以表示为：

$$V_2^j = v_2^j + n v_2^j - l_2^j - p_2^j$$

$$= \begin{cases} r + (i* - s*) + \alpha(i* - s*) - (i* - s*)l - p_2^a & \text{如果消费者购买产品 } a \\ r + s* + \alpha s* - s*l - p_2^b & \text{如果消费者购买产品 } b \end{cases}$$

$$\tag{5.1.8}$$

[①] 在蒋传海（2010）的研究中，同样关注了这类产品（如信息产品）。信息产品具有网络效应，即产品的价值会随着用户数量的增加而提高，这种网络效应会导致产品的需求方规模经济。黄纯纯（2011）对网络产业组织理论的历史、发展和局限提供了一个综述。

根据基本模型假定，在本国政府推行兼容性标准以后，外国企业提供的数字产品 b 必须符合这一标准并与本国产品兼容。假设这种兼容可以通过转换技术来实现，并假定转换器①的价格为 p^c，那么消费者在第二阶段的效用函数为：

$$V_2^j = v_2^j + nv_2^j - l_2^j - p_2^j$$

$$= \begin{cases} r + v_2^a + nv_2^a - l_2^a - p_2^a + nv_2^b - p^c & \text{如果消费者购买产品 } a \\ r + v_2^b + nv_2^b - l_2^b - p_2^b + nv_2^a - p^c & \text{如果消费者购买产品 } b \end{cases} \quad (5.1.9)$$

其中，最后两项描述消费者采用转换技术的收益，倒数第二项表示购买一种产品的消费者通过采用转换技术提升了与另一种产品的兼容性而获得的正的网络外部性。② 无论是对于购买数字产品 a 的消费者，还是对于购买数字产品 b 的消费者而言，只有当这两项的差值为正，即购买转换器的收益大于成本时，他们才会做出购买转换器的决策。在这种情况下，在第二阶段购买转换器的消费者的效用会增加。为了求出两阶段动态博弈的均衡解，以下采用逆向归纳法，先求解出第二阶段本国企业和外国企业博弈的均衡解，再倒推出第一阶段本国企业最大化其利润的均衡解。

（1）第二阶段的博弈均衡

假设双方均受到知识产权保护，在这种情况下，本国企业 A 与外国企业 B 在第二阶段就提供转换技术进行谈判。从理论上来讲，在受到知识产权保护的前提下，若企业之间就转换技术的定价进行谈判并且各自可以获得销售转换器带来的收入，此时谈判的结果显然会取决于知识产权保护的强度和转换器的定价。为了理论分析上的简化，我们假设双方的知识产权保护强度是一样的，谈判结果主要依赖于转换器的定价。

显然，如果转换器的价格位于购买产品 a 的消费者从转换技术中获得的效用与购买产品 b 的消费者从转换中可以获得的效用之间③，那么只有在第二阶

---

① 数字市场常见的转换器，例如文本格式转换器、视频转换器、mp4 转换器等。

② 例如一种手持阅读设备的用户通过一定的转化技术可以共享那些与自己设备兼容的其他产品的数字内容资源，如电子书、音频、视频等。

③ 考虑本国企业 A 的先动优势，通常情况下产品的消费者网络会大于产品的消费者网络，这意味着就采用转换技术能够从对方网络中获得的正外部性而言，产品的消费者不如产品 b 的消费者。

段购买产品 b 的消费者愿意购买转换器；如果转换器的价格比较低以至于小于购买数字产品 a 的消费者采用转换器可以获得的效用，那么市场上购买两种产品的消费者都愿意购买转换器。下面进行详细分析。

情景 1：企业在谈判后达成较低的转换器定价策略，即使是数字产品 a 的消费者购买转换器的收益也为正，市场上所有的消费者都会做出购买转换器的决策。如果消费者在第二阶段购买附带转化器的产品 a 与附带转换器的产品 b 是无差异的，那么满足以下等式：

$$r + s* + \alpha(1 - s*) + \alpha s* - (1 - s*)l - p_{2f}^{p} - p^{c}$$
$$= r + (1 - s*) + \alpha s* + \alpha(1 - s*) - s*l - p_{2f}^{b} - p^{c} \qquad (5.1.10)$$

$$s* = \frac{(1 + l) + p_{2f}^{a} - p_{2f}^{b}}{2(1 + l)} \qquad (5.1.11)$$

最大化本国企业 A 和外国企业 B 在第二阶段的利润，即：

$$\max\pi_{2f}^{a} = \max\left[p_{2f}^{a}(i* - s*)\right]$$
$$= \max\left[p_{2f}^{a}\left(i* - \frac{(1 - l) + p_{2f}^{a} - p_{2f}^{b}}{2(1 + l)}\right)\right] \qquad (5.1.12)$$

$$\max\pi_{2f}^{b} = \max\left\{\left[p_{2f}^{b} - (1 + \gamma)c\right]s*\right\}$$
$$\max\left\{\left[p_{2f}^{b} - (1 + \gamma)c\right]\left(\frac{(1 + l) + p_{2f}^{a} - p_{2f}^{b}}{2(1 + l)}\right)\right\} \qquad (5.1.13)$$

(5.1.12) 式、(5.1.13) 式分别对 p_{2p}^{a}、p_{2p}^{b} 求导，并令一阶导数为零，即：

$$\left[p_{2f}^{a} \cdot i* - \frac{p_{2f}^{a} - p_{2f}^{a}l + (p_{2f}^{a})^{2} - p_{2f}^{a} \cdot p_{2f}^{b}}{2(1 + l)}\right]' = 0 \qquad (5.1.14)$$

$$\left[\frac{p_{2f}^{b} + p_{2f}^{b}l + p_{2f}^{a}p_{2f}^{b} - (p_{2f}^{b})^{2}}{2(1 + l)} - (1 + \gamma)c\frac{(1 + l) + p_{2f}^{a} - p_{2f}^{b}}{2(1 + l)}\right]' = 0$$
$$\qquad (5.1.15)$$

整理解出：

$$i* - s* = \frac{(1 + l)(4i* - 1) + (1 + \gamma)c}{6(1 + l)};$$

$$s* = \frac{(1 + l)(2i* + 1) - (1 + \gamma)c}{6(1 + l)} \qquad (5.1.16)$$

$$p_{2f}^{a} = \frac{(1 + l)(4i* - 1) + (1 + \gamma)c}{3}; p_{2f}^{b} = \frac{(1 + l)(2i* + 1) - (1 + \gamma)c}{3}$$
$$\qquad (5.1.17)$$

$$\pi^a_{2f} = \frac{[(1+l)(4i*-1)+(1+\gamma)c]^2}{18(1+l)};$$

$$\pi^b_{2f} = \frac{[(1+l)(2i*+1)-(1+\gamma)c]^2}{18(1+l)} \qquad (5.1.18)$$

情景 2：企业在谈判后达成较高的转化器定价策略，仅有数字产品 b 的消费者购买转换器的收益为正并做出购买转换器的决策。如果消费者在第二阶段购买不带转换器的数字产品 a 与附带转换器的产品 b 是无差异的，那么满足以下等式：

$$r+s*+\alpha(1-s*)-(1-s*)l-p^a_{2p}$$
$$= r+1-s*+\alpha s*+\alpha(1-s*)-s*l-p^b_{2p}-p^c$$

解出：

$$s* = \frac{(1+l)+p^a_{2p}-p^b_{2p}-p^c}{2(1+l)-\alpha} \qquad (5.1.19)$$

最大化本国企业 A 和外国企业 B 在第二阶段的利润，即

$$\max\pi^a_{2p} = \max[p^a_{2p}(i*-s*)]$$
$$= \left[p^a_{2p}\left(i* - \frac{(1+l)+p^a_{2p}-p^b_{2p}-p^c}{2(1+l)-\alpha}\right)\right] \qquad (5.1.20)$$

$$\max\pi^b_{2p} = \max\{[p^b_{2p}-(1+\gamma)c]s*\}$$
$$= \max\left\{[p^b_{2p}-(1+\gamma)c]\left[\frac{(1+l)+p^a_{2p}-p^b_{2p}-p^c}{2(1+l)-\alpha}\right]\right\} \qquad (5.1.21)$$

以上两式分别对 p^a_{2p}、p^b_{2p} 求导，并令一阶导数为零，即

$$\left[p^a_{2p} \cdot i* - \frac{p^a_{2p}+lp^a_{2p}+(p^a_{2p})^2-p^a_{2p}p^b_{2p}-p^a_{2p}p^c}{2(1+l)-\alpha}\right]' = 0 \qquad (5.1.22)$$

$$\left\{\left[\frac{p^b_{2p}+lp^b_{2p}+p^a_{2p}p^b_{2p}-(p^b_{2p})^2-p^b_{2p}p^c}{2(1+l)-\alpha}-(1+\gamma)c\right] \cdot \right.$$
$$\left.\left[\frac{(1+l)+p^a_{2p}-p^b_{2p}-p^c}{2(1+l)-\alpha}\right]\right\}' = 0 \qquad (5.1.23)$$

整理得出：

$$i*-s* = \frac{[4(1+l)-2\alpha]-(1+l)+(1+\gamma)c+p^c}{3[2(1+l)-\alpha]} \qquad (5.1.24)$$

$$s* = \frac{i*[2(1+l) - \alpha] + (1+l) + (1+\gamma)c + p^c}{3[2(1+l) - \alpha]} \qquad (5.1.25)$$

$$p_{2p}^a = \frac{[4(1+l) - 2\alpha]i* - (1+l) + (1+\gamma)c + p^c}{3} \qquad (5.1.26)$$

$$p_{2p}^b = \frac{[2(1+l) - \alpha]i* - (1+l) + 2(1+\gamma)c - p^c}{3} \qquad (5.1.27)$$

$$\pi_{2p}^a = \frac{\{[4(1+l) - 2\alpha]i* - (1+l) + (1+\gamma)c + p^c\}^2}{9[2(1+l) - \alpha]} \qquad (5.1.28)$$

$$\pi_{2p}^b = \frac{\{[2(1+l) - \alpha]i* + (1+l) - (1+\gamma)c - p^c\}}{9[2(1+l) - \alpha]} \qquad (5.1.29)$$

结合 (5.1.16) 式 – (5.1.18) 式，(5.1.24) 式 – (5.1.29) 式的分析结果，我们得出命题 2：

命题 2　无论是完全转换均衡还是部分转换均衡，随着外国政府对其企业实施补贴或税收的水平提高，本国企业的价格水平上升、市场份额增加、利润增加，外国企业的价格上升、市场份额减少、利润减少。与部分转换均衡相比，两家企业在完全转换均衡中的利润更高。同时，本国企业和外国企业的市场份额、利润均与消费者购买产品的运输成本成反比。

从以上分析可以看出，在转换器定价较低，所有消费者均购买转换器的完全转换均衡中，数字产品的价格、市场份额与企业收益都与转换器的价格无关。在转换器定价较高，仅有产品 b 的消费者购买转换器的部分转换均衡中，随着转换器价格的上升，本国企业的产品价格上升、市场份额增加、利润增加，外国企业的产品价格下降、市场份额减少、利润减少。

在完全转换情形下，尽管较低的定价会减少企业销售转换器的收入，但是可兼容产品的用户网络扩大带来的网络外部性的正反馈最终提高了企业各自的利润。在转换器的价格较高，市场上形成部分转换均衡的情形下，本国企业的产品价格、市场份额随着转换器价格的上升而增加，外国企业的产品价格、市场份额随着转换器价格的上升而减少，意味着转换器价格的上升在一定程度上有利于本国企业（在位企业），而削弱了外国企业（进入企业）的竞争优势。随着本国政府设定的兼容性标准的水平上升，外国企业提升兼容性的单位成本随之上升，外国企业在本国市场上的价格上升，市场份额下降，利润减少。外国企业与本国企业在竞争优势上的不平等程度进一步加剧。

（2）第一阶段的博弈均衡

根据命题 2，在第二阶段本国企业 A 和外国企业 B 在谈判之后会选择将转换器的价格定得较低一些，从而使市场上所有的消费者都作出购买转换器的决策。如果消费者在第一阶段购买产品 a 与在第二阶段购买产品 b 是无差异的，则满足：

$$r + 2i* + \alpha(1 - i*) + \alpha - (1 - i*)l - p_{1f}^a - p^c$$
$$= r + i* + \alpha - (i* - s*)l - p_{2f}^a - p^c \tag{5.1.30}$$

解出：$p_{1f}^a = i* + p_{2f}^a + \alpha(1 - i*) + [(1 - i*) - (i* - s*)]l$

$$\tag{5.1.31}$$

最大化本国企业 A 在两个阶段的总利润，即求解：

$$\max\pi_f^a = \max\{\pi_{1f}^a + \pi_{2f}^a + \pi^c\}$$
$$= \max\{p_{1f}^a(1 - i*) + p_{2f}^a(i* - s*) + (1 - s*)p^c\} \tag{5.1.32}$$

结合（5.1.17）式、（5.1.18）式中本国企业 A 在第二阶段完全转换情形下的市场份额与利润，有：

$$p_{1f}^a = \frac{(1 + l)(7i* - 1) + 3\alpha(1 - i*) + (1 + \gamma)c}{3} \tag{5.1.33}$$

$$\pi_{2f}^a = \frac{[(1 + l)(4i* - 1) + (1 + \gamma)c]^2}{18(1 + l)};$$

$$\tag{5.1.34}$$

$$\pi^c = \left[\frac{(1 + l)(5 - 2i*) + (1 + \gamma)c}{6(1 + l)}\right]p^c$$

将以上 p_{1f}^a、π_{2f}^a 与 π^c 带入（5.1.32）式，并进一步对 i* 求导，整理得到：

$$i* = \frac{3p^c + 18\alpha - (1 + \gamma)c - 20(1 + l)}{18\alpha - 26(1 + l)};$$

$$\tag{5.1.35}$$

$$1 - i* = \frac{(1 + \gamma)c - 6(1 + l) - 3p^c}{18\alpha - 26(1 + l)}$$

$$i* - s* = \frac{2}{3}\left[\frac{3p^c + 18\alpha - (1 + \gamma)c - 20(1 + l)}{18\alpha - 26(1 + l)}\right] + \frac{(1 + \gamma)c - (1 + l)}{6(1 + l)}$$

$$\tag{5.1.36}$$

$$s* = \frac{1}{3}\left[\frac{3p^c + 18\alpha - (1 + \gamma)c - 20(1 + l)}{18\alpha - 26(1 + l)} + \frac{1 - (1 + \gamma)c}{6}\right.$$

$$\tag{5.1.37}$$

$$p_{1f}^a = \frac{(7+7l-3\alpha)}{3}\left[\frac{3p^c + 18\alpha - (1+\gamma)c - 20(1+l)}{18\alpha - 26(1+l)}\right] + \frac{3\alpha + (1+\gamma)c - 1}{3}$$

$$(5.1.38)$$

$$p_{2f}^a = \frac{4}{3}(1+l)\left[\frac{3p^c + 18\alpha - (1+\gamma)c - 20(1+l)}{18\alpha - 26(1+l)}\right] + \frac{(1+\gamma)c - (1+l)}{3}$$

$$(5.1.39)$$

$$p_{2f}^b = \frac{2(1+l)}{3}\left[\frac{3p^c + 18\alpha - (1+\gamma)c - 20(1+l)}{18\alpha - 26(1+l)}\right] + \frac{(1+l) + 2(1+\gamma)c}{3}$$

$$(5.1.40)$$

本国企业 A 和外国企业 B 的利润分别是：

$$\pi_f^a = \left\{\frac{7+7l-3\alpha}{3}\left[\frac{3p^c + 18\alpha - (1+\gamma)c - 20(1+l)}{18\alpha - 26(1+l)}\right]\right.$$

$$+ \left.\frac{3\alpha + (1+\gamma)c - 1}{3}\right\} \cdot \left[\frac{(1+\gamma)c - 6(1+l) - 3p^c}{18\alpha - 26(1+l)}\right]$$

$$+ \left\{\frac{4}{3}(1+l)\left[\frac{3p^c + 18\alpha - (1+\gamma)c - 20(1+l)}{18\alpha - 26(1+l)}\right]\right.$$

$$+ \left.\frac{(1+\gamma)c - (1+l)}{3}\right\} \cdot \left\{\frac{2}{3}\left[\frac{3p^c + 18\alpha - (1+\gamma)c - 20(1+l)}{18\alpha - 26(1+l)}\right]\right.$$

$$+ \left.\frac{(1+\gamma)c - (1+l)}{6(1+l)}\right\} + \left\{1 - \frac{1}{3}\left[\frac{3p^c + 18\alpha - (1+\gamma)c - 20(1+l)}{18\alpha - 26(1+l)}\right]\right.$$

$$- \left.\frac{1 - (1+\gamma)c}{6}\right\}p^c$$

$$(5.1.41)$$

$$\pi_f^b = p_{2f}^b s* + p^c s*$$

$$= \left\{\frac{2(1+l)}{3}\left[\frac{3p^c + 18\alpha - (1+\gamma)c - 20(1+l)}{18\alpha - 26(1+l)}\right] + \frac{(1+l) + 2l(1+\gamma)c}{3}\right\}$$

$$\cdot \left\{\frac{1}{3}\left[\frac{3p^c + 18\alpha - (1+\gamma)c - 20(1+l)}{18\alpha - 26(1+l)}\right] + \frac{(1+l) + 2(1+\gamma)c}{3}\right\}$$

$$+ \left\{\frac{1}{3}\left[\frac{3p^c + 18\alpha - (1+\gamma)c - 20(1+l)}{18\alpha - 26(1+l)}\right] + \frac{1 - (1+\gamma)c}{6}\right\} \cdot p^c$$

$$(5.1.42)$$

从 (5.1.33) 式—(5.1.42) 式可以看出，$\partial p_{1f}^a / \partial \alpha > 0$，$\partial p_{2f}^a / \partial \alpha < 0$，$\partial (1 - s^*) / \partial \alpha > 0$；$\partial p_{2f}^b / \partial \alpha < 0$，$\partial s* / \partial \alpha < 0$；由此得到命题 3：

命题 3　在整个博弈均衡中，数字产品的价格、市场份额与利润均依赖于网络外部性的强度、兼容性标准的强度以及提升兼容性的单位成本。

命题 3 对于开放条件下的数字产业发展来说具有重要意义。随着网络外部性强度的提高，企业 A 在第一阶段的产品价格上升，在第二阶段的产品价格下降，在两个阶段的整体市场份额上升；企业 B 在第二阶段的价格下降，市场份额下降。随着兼容性标准的强度增加、提升兼容性的单位成本上升，本国企业的整体份额下降。同时，在东道国政府推行兼容性标准、外国政府实施税收或补贴政策干预时，本国企业和外国企业的利润还受到兼容性标准的强度以及提升兼容性的单位成本的影响。

就"数字产品价格、市场份额、利润均依赖于网络外部性的强度"这一点而言，本书和 Liu（2011）的结论具有相似性，但是本书的均衡结果与其存在显著差异。原因在于，Liu 的分析限于封闭经济，在计算整个博弈的均衡时采用了纳什议价解的概念①，并假设国内市场上的在位企业与后进入市场的外国企业即使无法就提供转换器达成一致，依然可以同时在市场上进行销售。但是在本书的分析中，外国企业如果不遵循东道国政策的兼容性标准就意味着必须退出市场，这种情况影响了纳什议价解的适用性。本国企业 A 的利润包括在第一阶段销售产品 a 获得的利润、第二阶段销售产品 a 获得的利润，以及在第二阶段销售转换器的利润。计算方法的不同使得整个博弈的最终均衡有所不同。Liu 的结论是：随着网络效应的增加，本国企业和外国企业在两个阶段的价格都有所降低，本国企业的利润会增加，外国企业的利润会减少。本书则发现：在网络外部性显著并且政府实施兼容性标准贸易政策的约束下，本国企业 A 会在第一阶段实行较高的定价策略，在第二阶段会通过价格优惠吸引消费者，外国企业 B 在第二阶段的价格也会下降。同时，在本国政府推行兼容性标准、外国政府实施税收

---

① Liu 在计算在位企业 A 的总利润时使用了 Nash（1950）提出的纳什议价解（Nash Bargaining Solution）的概念，合作双方平分来自合作的净收益。因此，在位企业 A 的收益等于第一阶段的收益加上第二阶段的收益，而第二阶段的收益等于不合作收益（π_{2n}^{a}）加上合作净收益（$J_{2f} - J_{2n}$）的一半。因此，利润最大化的表达式为：

$$\max \pi_{f}^{a} = \max \left\{ \pi_{1f}^{a} + \left[\pi_{2n}^{a} + \frac{1}{2}\left(J_{2f} - J_{2n} \right) \right] \right\} = \max \left\{ p_{1f}^{a}\left(1 - i^{*} \right) + \left[\pi_{2n}^{a} + \frac{1}{2}\left(J_{2F} - J_{2n} \right) \right] \right\}。$$

或补贴的情况下，两家企业的利润变动是不清晰的。其中一个重要的原因可能是，外国政府对其企业实施的针对兼容性标准的税收或补贴改变了本国企业和外国企业的利润分配。两家企业的最终利润还要取决于政府的税收或补贴水平。

5.1.4　福利比较与分析

本国福利由消费者剩余（ CS_t^j ）和企业利润（ π_t^j ）两部分的总和组成。[①]借鉴 Liu（2011）的处理方法，可以将其简化并表示为：

$$W = CS_t^j + \pi_t^j = \left[v_t^{a,b} + \alpha nv_t^{a,b} - (p_t^{a,b} + p^c) \right] + \left[\pi_f^a + \pi^c \right] \quad (5.1.43)$$

从上式可以看出，本国福利等于消费者购买数字产品获得效用（ $v_t^{a,b} + \alpha nv_t^{a,b}$ ）扣除其购买数字产品及转换器的支出（ $p_t^{a,b} + p^c$ ）再加上本国企业销售数字产品与转换器所获得的收入（ $\pi_f^a + \pi^c$ ）。需要注意的是，在开放经济条件下本国消费者的支出包括购买本国企业 A 提供的数字产品 a、外国企业 B 提供的数字产品 b 等两部分支出，但是在计算本国福利时仅记入本国企业 A 的利润，并不包括外国企业 B 的利润。因此 $-(p_t^{a,b} + p^c)$ 与 $\pi_f^a + \pi^c$ 抵消后，还剩下本国消费者对外国企业提供的数字产品 b 的支出 p_t^b 与 v_t^j 、 αnv_t^j 等三项。[②] v_t^j 这一项表示消费者愿意为数字产品支付的保留价格及其对产品的异质性偏好带来的效用，与网络外部性无关。对社会福利的大小起决定作用的是本国消费者为外国企业提供的数字产品 b 的支出 p_t^b ，以及消费者效用函数中与网络外部性有关的那一部分，即 αnv_t^j 。根据上文的分析，只有在转换器定价较低、所有消费者均采用转换器时，源于可兼容产品网络扩大带来的网络外部性的正反馈最大，也即 αnv_t^j 最大。

在何种情况下本国福利会实现最大化？这取决于 p_t^b 与 αnv_t^j 的相对大小。从网络外部性的角度来看，消费者加入一个较大的、由可兼容（或标准化）的产品网络所带来的收益会超过几个较小的、彼此不可兼容的产品网络所带来的收益总和。因此，维护本国市场上的本国产品网络的完整性有利于获取来自

[①]　与基本模型的假设一致，为了不失一般性，我们依然假设产品的边际生产成本为 0。

[②]　在 Liu（2011）的分析中仅涉及封闭经济中一国市场上的两家企业，消费者的支出构成了企业的收入，这两部分是可以完全抵消的。

网络外部性的正反馈。但另一方面，现实经济中仅有本国企业通常是无法完全满足本国消费者的需求的。在本国市场非饱和的情况下，外国企业势必会进入本国市场。如果开放条件下的兼容性标准设定在一个合理水平上，则不仅可以满足本国消费者对于数字产品的异质性偏好，而且还可以享受由于可兼容产品网络扩大带来的正的网络外部性。这些都会增加本国福利。如果仅出于保护主义的动机而对外国企业设定过于严格的兼容性标准，这种做法将会提高外国企业的产品价格，甚至对试图进入本国市场的外国企业形成进入壁垒，最终是无益于提高本国福利的。政府在推行兼容性标准时应慎重权衡这两方面的利弊。

5.1.5　结语

在开放条件下，一国开放国内市场带来了来自外国产品的竞争，对数字产品具有异质性偏好的消费者会从中受益。然而，对具有网络外部性的数字产品而言，一些国内消费者购买外国产品会损害国内产品网络的完整性，因为这些外国产品与本国产品并不是完全兼容的。一国政府可以设定一定的兼容性标准以保证外国产品与本国产品之间的互操作性。本小节的分析表明，如果本国产品和外国产品之间实现更大程度兼容性的成本主要是由外国企业来承担时，本国政府就会有动机为外国企业设定过于严格的兼容性标准，进而对本国企业和外国企业在数字市场上进行公平竞争产生不利影响。这种做法在实质上是有悖于 WTO 的无歧视原则的。近年来国际交往中政府对于非传统贸易政策工具的依赖，涉及国内标准和法规的国际贸易摩擦日益增多，有关兼容性标准的贸易政策正在对具有网络外部性的产业带来深刻的影响。

如果本国企业首先进入国内市场并成为垄断者，本国政府对意图进入本国市场的外国企业设定了一定的兼容性标准，那么在两国企业采用不同的技术标准并同时受到知识产权保护的情况下，企业之间协调谈判后通过采用转换技术实现一定程度的事后兼容可以缓解数字市场上的企业竞争，并有助于提升企业利润和社会福利。[①] 本小节的分析结果显示，本国企业和外国企业达成有关转

---

① 事实上，国际上的一些大公司已经开始注重产品的兼容性的意义所在。苹果的操作系统 Mac OSX 只能运行专门为其制作的软件，无法运行专门为 Windows 平台设计的软件。随着苹果电脑的全球范围内的销售热潮，IBM 公司在 2011 年 10 月 25 日召开的公司大会上宣布，IBM 将推出面向苹果 ipad 平板电脑的分析应用软件。

换技术的协定并以较低的价格出售转换器，市场上所有的消费者都购买转换器从而实现不同数字产品之间的可兼容性是两阶段动态博弈唯一的子博弈精炼均衡（SPNE）。在实现完全转换时，源于可兼容产品网络扩大带来的正的网络外部性最大，但社会福利要实现最大化，还依赖于本国政府推行的兼容性标准的严格程度，以及外国政府针对提升兼容性实施的税收或补贴水平。如果政府仅仅出于保护主义的目的而对外国企业设定过于严格的兼容性标准，这种兼容性标准会对外国企业进入本国市场设置障碍，甚至使其选择退出本国市场。[①]

在本小节的两期模型中，由于假设本国企业与外国企业之间有关技术标准的知识产权强度是一样的，因此并未充分考虑知识产权保护强度的差别对于双方议价能力产生的影响，这是下一步需要研究的主要问题。标准和知识产权之间的议题一直是学者研究的热点（Aoki，1993；Aoki 和 Prusa，1993；Lai 和 Qiu，2003；Lea 和 Hall，2004；Blind 和 Thumm，2004 等）。由于技术标准化与知识产权制度之间是不对称的，跨国公司在技术标准实现专利化的过程中赢得重要战略利益，来自发展中国家的企业却因为缺乏专利而陷于弱势的竞争地位（吕铁，2005）。在数字出版、数字动漫、数字电影等数字内容产业中，数字内容从一种格式标准转换成另一种格式标准需要受到知识产权保护、各自遵循两种格式标准的企业之间的谈判。如果数字内容的版权所有者仅授权其中一种格式而未授权另一种格式，在这种情况下，数字内容的版权所有者也会参与到有关转换技术的谈判中来，并对谈判结果产生重要影响。例如，电子书的作者仅授权将其作品制作成 SEP[②] 格式，如果企业未经作者授权就利用转换技术将 SEP 格式的作品转换成 CEBX[③] 格式，这种行为也属于侵犯版权。将作者、数字内容供应商和数字阅读器供应商共同纳入开放经济条件下企业博弈分析的

---

① Gao（2007）、Lee（2006，2008）都关注了中国推行 WAPI 的标准化策略。中国标准化管理委员会于 2003 年 5 月通过了 WAPI 标准，并宣布出于国家安全考虑这一标准将于 2003 年 12 月 1 日发布。尽管从技术角度来看，WAPI 是中国对于 IEEE802.11 无线标准中存在的安全漏洞的反应，但是 WAPI 标准受到了外国企业，特别是美国芯片制造者的强烈反对。争论的焦点在于，中国推行的 WAPI 标准与 IEEE 的 Wi‐Fi 标准是不可兼容的，外国企业要进入中国市场必须修改其设计，同时 WAPI 编码仅向 24 家中国企业开放，外国企业要进入国内市场就必须与这些中国国内的竞争者合作。外国企业认为这违反了 WTO 的有关法律和规定，并威胁就 WAPI 议题向 WTO 起诉中国。WAPI 标准的推行上升成为贸易议题。最终，为了促进中美贸易的更大利益，中国政府做出让步，WAPI 的实施被无限期推迟。

② 北京书生公司研发并支持的数字文档格式。

③ 北大方正电子有限公司推出并支持的数字文档格式。

框架，并关注转换技术与数字版权①对竞争策略的影响，这是本书模型需要扩展的另一个重要方向。

本小节的研究结果对于以促进经济发展、最大化社会福利为目标的贸易政策而言，具有如下几个方面的重要政策含义：第一，外部性会导致市场失灵和规制失灵，因此在具有网络外部性的数字市场上，兼容性标准贸易政策的实施应注重市场机制与政府规制的协调与合作。其次，开放条件下的网络外部性与兼容性程度密切相关，政府应在充分考虑消费者诉求、企业利润和社会福利的基础上设定兼容性标准。第三，兼容性标准可以形成技术性贸易壁垒，政府应完善有关兼容性标准的通报评议制度并提供咨询服务，为贸易企业及时应对提供有益信息。

同时，本小节的研究结果对于以实现社会福利最大化为目标的公共政策而言，具有如下几个方面的重要政策含义：第一，和产品之间不可兼容相比，产品之间实现一定程度的兼容能够增加社会福利，因此应慎重对待企业有意与同类产品保持不可兼容的竞争策略。第二，在转换技术定价较低时，消费者会更加关注除了产品采用网络以外的其他产品特征，社会福利也可以实现最大化，因此公共政策的制定者应该重视企业之间就标准和转换技术进行的谈判。第三，在实现完全转换的情形下，社会福利随着网络外部性的强度而增加，因此政府应积极促进公共数字资源平台建设，实现数字内容的共享，获取来自网络外部性的正反馈。

5.2　一致标准、异质企业与中国出口增长的二元边际

本小节基于异质性企业贸易理论框架，利用中国电子产品出口贸易的微观企业数据，首次实证度量了等同采用国际标准的国家标准，即一致标准对于异质性企业国际市场选择行为的影响。研究发现：一致标准对于中国电子产品的出口贸易具有显著且稳健的促进作用。这种促进作用对于出口增长的扩展边际

---

① 例如，伊恩·哈格里夫斯（Ian Hargreaves）教授 2011 年 5 月发布了《数字化机遇：知识产权与经济增长审查报告》（Digital Opportunity：A Review of Intellectual Property and Growth An Independent Report），并呼吁建立数字版权交易机制，为解决版权和其他知识产权标准化的方案提出了很好的建议。

和集约边际都有影响，并且对于前者的影响力度更大。随着一致标准所占比重的提高，越来越多的初期仅供应发展中国家市场的贸易企业也开始进入发达国家市场，特别是其中生产率较高的企业。与此同时，那些初期已经开始供应发展中国家市场和发达国家市场，以及在整个样本期持续供应两类市场的企业在原有市场上的出口量也在增加。

5.2.1　引言

标准是国际贸易的基石，是各国开展商业交流的技术语言。在世界标准化发展历史上，以欧美为代表的发达国家率先建立了国家标准化组织，在国内颁布和实施国家标准，为支持本国技术进步与经济发展提供支持和保障。美国材料与实验学会（ASTM）、英国工程标准委员会（BSI）等早在 19 世纪末、20 世纪初就已成立。历经第二次世界大战，贸易再现繁荣，各国商业往来频繁，主要贸易伙伴国产生了对于那些可以从国际层面上统一生产和管理实践的国际标准的强烈需求。国际标准化组织（ISO）、国际电工委员会（IEC）、欧洲标准化委员会（CEN）和欧洲电工委员会（CENELEC）等重要的国际标准化组织相继成立于 20 世纪 40 年代，贡献了大量能够在世界范围内统一使用的国际标准。

随着贸易自由化进程的加快，各国普遍融入经济全球化，各国标准之间、国家标准之间是否一致的意义不断凸显。由于国家标准更多地考虑与体现着一国在自然、历史和文化等方面的国别特征，因此，对于同样的标准化对象，国家标准与国际标准可能不尽一致，而这种不一致直接对参与贸易的各国产生重要影响。对于 WTO 成员国而言，各国的标准一经发布，就成为国外企业进入该国的市场准入依据，并对国内外企业同时产生效力。来自国外的进口产品必须遵循相关标准的要求，国内的企业也必须符合同样标准的要求。WTO/TBT 协议还做出规定，WTO 成员国应积极采用各类国际标准，在制定本国标准时如果已经有相关的国际标准，则应以国际标准为依据来制定。那么，等同采用国际标准的国家标准发挥了怎样的贸易效应？发达国家学者对此非常关注，积累了大量以发达国家标准为研究对象的经验证据。在这些研究中，学者通常把一国等同采用了一项国际标准的国家标准（Perez，Reyes 和 Wilson，2010；Reyes，2011；Mangelsdorf，2011；Mangelsdorf，Portugal-Perez 和 Wilson，

2012），或是贸易伙伴国之间等同的国家标准（Moenius, 2004, 2006a, 2006b）定义为"一致标准（harmonized standards）"[①]。当前，探讨一致标准贸易效应的研究成为国际贸易理论和标准经济学交叉领域的前沿问题和研究热点。

相比之下，发展中国家的国家标准化组织普遍成立较晚，数据也较难获取，已有的针对发展中国家标准的研究还非常有限。随着以标准、技术法规和合格评定程序为主要表现形式的技术性贸易措施在国际贸易中的作用不断提高，作为贸易大国和最大的发展中国家，中国标准的贸易效应也已经引起了国外学者的关注。Mangelsdorf（2011），Mangelsdorf、Portugal-Perez 和 Wilson（2012）的研究表明，中国标准对于中欧双边贸易、中国食品出口贸易均具有显著且稳健的作用。但总体上，有关中国标准的研究依然十分有限，特别是缺乏来自微观企业层面的经验证据。根据本世纪初兴起的新新贸易理论[②]，一国的出口增长主要沿着贸易的扩展边际（extensive margin of trade）和集约边际（intensive margin of trade）两个方向实现（Bernard 等，2003；Melitz，2003），那么，标准对于中国出口贸易的影响，如何体现在出口增长的二元边际上？本小节首次基于异质性企业贸易理论的分析框架建立理论模型，利用中国电子产品出口企业 1992 年—2008 年的微观企业数据，从贸易的扩展边际和集约边际的角度为一致标准影响异质性企业的国际市场选择行为提供理论解释和来自发展中国家的经验证据，为促进中国标准化体制改革、推动中国对外贸易发展提

---

① 在谈及欧盟标准的场合，"harmonized standards"习惯上翻译为"协调标准"，是指欧盟委员会授权欧洲标准化委员会（CEN）、欧洲电工标准化委员会（CENELEC）与欧洲电信标准协会（ETST）等欧洲标准组织，依据 1985 年 5 月 7 日欧共体理事会批准的《技术协调与标准化新方法指令》的基本要求组织制定的欧洲标准（SAC, 2007）。这些标准对内促进了欧洲市场的一体化，对外成为欧盟重要的技术性贸易壁垒。相关内容可以参见标准网（国家发展和改革委员会产业协调司主管），网址：http：//www. standardcn. com/。在有关标准贸易效应的研究领域中，"harmonized standards"已不仅仅限于欧盟标准，而是扩展到一国等同采用一项国际标准的国家标准，以及贸易伙伴国之间彼此等同的国家标准。同时，2009 年 6 月 17 日发布的中华人民共和国国家标准（GB/T 1. 1 – 2009）对一致性定义为：如果有相应的国际文件，起草标准时应以其为基础并尽可能保持与国际文件相一致。与国际文件的一致性程度为等同、修改或非等效的我国标准的起草应符合 GB/T 20000. 2 的规定。综合考虑以上说法，本研究将"harmonized standards"称为"一致标准"。

② 有关新新贸易理论（New New Trade Theory）的代表性论述，可以参见 Baldwin（2005）的论文。关于异质性企业的贸易行为、模式选择及其经济效应的探讨，可以参见 Bernard 等（2000）、Bernard 等（2007）、Redding（2010）、Bernard 等（2011）的代表性研究。各种贸易理论和模型中有关二元边际性质的详细论述可以参见 Hummels 和 Klenow（2005）的经典论文。

供重要信息和参考。

5.2.2　理论模型

我们首先对 Chaney（2008），Helpman、Melitz 和 Rubinstein（2008）的模型进行简化，并借鉴 Reyes（2011）的分析思路建立理论模型，描述一致标准对于异质性企业国际市场选择行为的影响。Cheney（2008）与 Helpman、Melitz 和 Rubinstein（2008）均假设出口企业面临两种类型的贸易成本，分别是可变贸易成本和固定贸易成本。可变贸易成本通常用"冰山成本（iceberg cost）"来表示。为了突出标准对于企业贸易成本的影响，我们假设这部分可变成本为零①，由不一致标准引起的贸易成本构成出口企业固定成本的重要组成部分。国家标准和国际标准的不一致会带来贸易成本，而采用一致标准会减少贸易成本的原因在于：国际标准是世界范围内通用的技术语言，采用国际标准意味着贸易企业无需再根据出口目的市场的特定标准对产品进行修改，并且有效规避因与国际标准不一致或是与出口目的市场标准不一致而遭遇技术性贸易壁垒的潜在风险。换言之，不一致标准（未等同采用一项国际标准的国家标准）所占比重越高，企业将会因此承担更多额外的贸易成本。

下面我们对研究的主要问题进行理论上的抽象和一般化。假设有三个国家、三个对称的市场：本国市场 H，发达国家市场 A 和发展中国家市场 B。本国企业生产产品只需投入劳动力这一生产要素，各国消费者都会选择最大化自己的效用②。若用 x 表示可供消费者选择的差异化产品，X 表示 i 国的消费者面临的商品集，$i \in [H, A, B]$。则消费者效用可以用如下 CES 生产函数进行表示：

$$u_i = \left(\int_{x \in X} q\,(x)^\alpha dx \right)^{1/\alpha} \tag{5.2.1}$$

其中，α（$0 < \alpha < 1$）决定了不同产品之间的替代弹性 ε，这一替代弹性在各国相等，关系式为 $\varepsilon = 1/(1 - \alpha)$。由消费者效用函数得到如下需求方程：

---

①　这样的假设可以不失一般性，如果在分析中加入可变成本一项，也很容易扩展到可变成本不为零的情形。

②　在模型的设定上参见 Krugman（1980），Melitz（2003）的有关研究。

$$q = \frac{p(x)^{-\varepsilon} Y_i}{P_i^{1-\varepsilon}} \qquad (5.2.2)$$

其中，$p(x)$ 是 x 商品的消费价格。Y_i 是 i 国的收入，等于它的支出水平。P_i 是 i 国的理想价格指数，定义如下：

$$P_i = \left(\int_{x \in X} P_i(x)^{1-\varepsilon} dx \right)^{1/(1-\varepsilon)} \qquad (5.2.3)$$

假设 i 国的企业数量为 n，n 家企业都是生产单一产品的企业，因此有 n 种产品。每家企业选择生产不同的产品种类 x。企业的生产率水平不同，假定 a^{-1} 代表企业的生产率水平（Melitz，2003）。a 服从形式为 $G(a)$ 的累积分布函数，且存在 $[\alpha_L, \alpha_H]$，满足 $0 < a_L < a_H$。为了生产一单位的产出，i 国企业需要在成本最小化约束下投入生产要素进行生产。假设投入成本可以表示为 $c_i a$，其中 c_i 反映要素价格的国别差异，a 反映在同一国家内企业生产率的差异，并且各国拥有相同的生产率分布函数。

假设 i 国企业仅在国内市场销售时，只需承担生产成本，即 $c_i a$。如果 i 国企业要向 j 国出口，他需要承担的成本可以分为两部分：一部分来自供应 j 国市场的固定成本，记为 $c_j f_{ij} > 0$；另一部分是运输成本，为了不失一般性并与之前的分析保持一致，我们假设这部分成本为零。于是，对于 i 国来说，有 $f_{ii} = 0$；若 $i \neq j$，则 $f_{ij} > 0$。i 国企业在选择不同的出口市场时，会面临不同的标准。通常情况下，发展中国家的标准没有发达国家那么严格。假设出口到发达国家市场 A 和发展中国家市场 B 会面临不同的固定成本，即 $f_B < f_A$。根据企业利润最大化条件，我们得到如下成本定价方程：

$$p(x) = c_j a / \alpha \qquad (5.2.4)$$

相应的，在 i 国生产并出口到 j 国的企业，其利润方程可以表示如下：

$$\pi_{ij}(a) = \frac{1}{\varepsilon} \left(\frac{c_j a}{\alpha p_j} \right)^{1-\varepsilon} Y_j - c_j f_{ij} \qquad (5.2.5)$$

其中，$\{i,j\} \in \{H, A, B\}$。因为假定本国企业在生产并在本国销售时，固定成本为零，$f_{ii} = 0$，所以 i 国的 n 个生产者都会在本国生产并销售。对于 $i \neq j$ 的情况来说，只有当 $a \leq a_i$ 时，i 国生产企业出口到 j 国才是有利可图的，因此 i 国企业中仅有一部分选择出口到 j 国。

根据方程（5.2.5）表示的零利润条件 $\frac{1}{\varepsilon} \left(\frac{c_j a_{ij}}{\alpha p_j} \right)^{1-\varepsilon} Y_j = c_j f_{ij}$，我们可以求

出本国贸易企业选择出口的生产率门槛 $\underline{a}_i$，表示如下：

$$\underline{a}_i = (c_j)^{\varepsilon/(1-\varepsilon)} \left(\frac{f_{ij}\varepsilon}{Y_j} \right)^{1/(1-\varepsilon)} \quad\quad (5.2.6)$$

这一门槛随着贸易伙伴国需求水平（用收入水平 Y_j 表示）的上升而下降，随着固定成本（用遵循标准的成本 c_j 表示）的上升而上升。生产率水平高于门槛值的企业将选择出口到 j 国市场。我们进一步将 j 国市场划分为发达国家市场 A 和发展中国家市场 B，两个市场的标准遵循成本分别是 f_A 和 f_B。通常情况下，我们认为发达国家市场 A 的标准高于（至少等于）国际标准水平，而发展中国家的标准通常没有那么严格，低于国际标准水平。若用 f_{hstd} 来表示本国企业遵循一致标准的成本，则有 $f_B < f_{hstd} < f_A$。在这种情况下，生产率高于 $\underline{a}_i$ 的企业会选择出口到发达国家市场，生产率水平低的企业会首先考虑供应发展中国家市场，如果生产率水平提高直至超过了 $\underline{a}_i$，供应发达国家市场才可以获得正的收益。此时这部分企业也会选择向发达国家出口。在本国市场上，遵循一致标准会对出口企业形成压力，因为一致标准的遵循成本会减少企业的潜在利润，但是另一方面，遵循一致标准有利于本国企业进入发达国家市场，而发达国家市场的潜在需求水平是远高于发展中国家的。因此，企业依然有动力去遵循一致标准并积极开拓面向发达国家的出口市场。对于单个企业而言，这两方面的权衡决定了企业最终的国际市场选择行为。

如果 f_{hstd} 略高于 f_B，那么随着一致标准增加，那些初期仅向发展中国家出口的企业也会选择向发达国家出口，因为市场规模效应带来的收益超过了遵循一致标准产生的成本。若 f_{hstd} 接近于 f_A，那么只有初期仅向发展中国家出口的企业中那些生产率水平较高的企业才会选择也开始供应发达国家市场。对于这部分企业而言，同时供应发展中国家市场和发达国家市场依然是可以保证获取利润的。相反，对于那些初期仅向发展中国家出口、生产率水平较低的企业来说，他们依然会选择仅供应发展中国家市场。

根据以上理论分析，一致标准增加意味着出口企业贸易成本的减少，由此我们提出如下两个关于一致标准与异质性企业国际市场选择行为的可检验假说：

假说 1：采用一致标准会促进本国初期仅向发展中国家出口的企业进入发达国家市场，特别是其中生产率水平较高的企业（贸易的扩展边际）。

假说 2：初期已经供应发展中国家市场和发达国家市场的企业在原有市场上的贸易量也会增加（贸易的集约边际）。

下面我们主要利用 1992 年—2008 年中国电子产品出口贸易的微观企业数据对上述假说进行实证检验。

5.2.3　研究样本

本小节的研究样本确定为电子产业，标准产业分类体系代码（SIC）为 36。选择电子产业的原因在于：第一，Reyes（2011）的研究首次建立了电子产品领域中 SIC 代码与国际分类标准代码（ICS）之间的对应表，这样本书可以在 Reyes 研究的基础上进一步深入，得出的结论也易与已有研究成果进行比较。第二，自 1992 年以来，中国的出口结构发生了剧烈的变化：农业和软制造业，例如纺织品和服装等所占的份额减少；硬制造业，例如消费类电子产品、家用电器和计算机等的出口比例明显增加（Amiti 和 Freund，2008）。中国自 2004 年以来就超过美国成为世界上最大的电子产品出口国，电子产业的年均增长率超过 20%。2010 年，中国电子产品的出口额达 5912 亿美元，同比增长 29.3%，占总出口额的 37.5%。[①] 因此，选择电子产业对于考察标准影响出口，特别是标准影响中国制造业产品的出口而言具有很好的代表性和参考价值。

为了与理论模型一致，我们选取了与中国的双边贸易量排名前 15 位的国家和地区，依次是：美国，日本，中国香港，韩国，德国，澳大利亚，马来西亚，俄罗斯，印度，泰国，新加坡，英国，法国，加拿大和巴西。依据 World Trade Report 2011（WTO，2011）的统计方法，澳大利亚、加拿大、欧盟及其成员国（这里包括德国、英国和法国）、日本和美国等 7 个国家归类为发达国家市场，其余国家和地区视为发展中国家市场。我们在 Pierce 和 Schott（2009），Reyes（2011）研究的基础上，建立了标准产业分类体系代码（SIC）、国际分类标准代码（ICS）和海关 HS 编码之间的对应表，对应关系报告在表 5 - 1 中。

---

① 内容参见中华人民共和国商务部网站，网址：http：//www. mofcom. gov. cn.

表 5－1 编码对应表（ICS 与 SIC4、HS8）

No.	SIC4	ICS	ICS 描述	HS8
1	3612	13.140	噪声（与人有关的）	85020000；85040000；85050000；90330000
		29.180	变压器、电抗器	
		29.200	整流器、转换器、稳压电源	
		29.240	输电网和配电网	
2	3613	29.120	电工器件	85170000；85330000；85350000；85360000；85370000；85380000；85390000
		29.130	开关装置和控制器	
3	3621	27.100	电站综合	85010000；85020000；85030010；85030020；85030030；85030090
		29.160	旋转电机	
4	3624	25.180	工业炉	38010000；38020000；68150000；85450000；8546000000
5	3629	31.060	电容器	85040000；85320000
6	3631	13.120	家用品安全	73210000；73220000；74170000；84200000；85170000
		97.030	家用电气设备综合	
		97.040	厨房设备	
7	3632	13.120	家用品安全	84180000；84190000
		97.030	家用电气设备综合	
		97.040	厨房设备	
8	3633	13.120	家用品安全	84210000；84220000；84500000；84510000；84520000
		97.030	家用电气设备综合	
		97.060	洗衣设备	
9	3634	13.120	家用品安全	63010000；84150000；84160000；85090000；85100000；85110000；85160000；85170000
		97.040	厨房设备	
		97.060	洗衣设备	
		97.170	人体保健器具	

续表

No.	SIC4	ICS	ICS 描述	HS8
10	3639	13.120	家用品安全	63010000；84190000；84200000；84220000；84230000；84240000；84250000；84520000；84530000；84800000；85090000；85100000；85160000；85170000
		61.080	服装工业用缝纫机和其他设备	
		91.140	建筑物中的设施	
		97.030	家用电气设备综合	
11	3641	29.140	电灯及有关装置	85390000；85400000；90070000
12	3645	29.140	电灯及有关装置	94050000
13	3647	29.140	电灯及有关装置	85120000；85130000；85360000
14	3648	29.140	电灯及有关装置	73050000；85130000；85140000；85440000；94050000；94060000
15	3651	17.140	声学和声学测量	85180000；85190000；85200000；85210000；85220000；85250000；85270000；85280000；85290000；85300000；85440000
		33.100	电磁兼容性（EMC）	
		33.160	音频、视频和视听工程	
16	3652	33.160	音频、视频和视听工程	85240000；85250000
17	3661	33.040	电信系统	85170000；85180000；85190000；85200000；85250000；85320000；85440000
		33.160	音频、视频和视听工程	
18	3663	33.160	音频、视频和视听工程	85190000；85250000；85280000；85290000；85300000；85320000；88030000；88040000
		33.180	光纤通信	
19	3669	33.160	音频、视频和视听工程	85120000；85130000；85180000；85300000；85310000；85320000；86080010；86080090；88030000；90220000；90230000
20	3671	31.100	电子管	85400000；85410000

续表

No.	SIC4	ICS	ICS 描述	HS8
21	3672	29.120	电工器件	85340010；85340090
		31.180	印制电路和印制电路板	
22	3674	31.080	半导体器件	38180011；38180019；38180090；85410000；85420000；85430000
		31.200	集成电路、微电子学	
23	3675	31.060	可变电容器	85320000；85330000
24	3676	31.040	电阻器	85330000；85340010；85340090；85440000
25	3677	13.140	噪声（与人有关的）	85040000；85050000；85300000
		29.180	变压器、电抗器	
		29.200	整流器、转换器、稳压电源	
		29.240	输电网和配电网	
		29.120	电工器件	
26	3679	31.200	集成电路、微电子学	84710000；84720000；85040000；85050000；85180000；85220000；85230000；85290000；85300000；85310000；85320000；85330000；85340010；85340090；85380000；85410000；85420000；85430000；85440000；85480000；90180000
27	3691	29.220	电池和蓄电池	85070000；85080000
28	3692	29.220	电池和蓄电池	85060000；85070000
29	3699	17.220	电学、磁学、电和磁的测量	83030000；84560000；84800000；85050000；85060000；85120000；85160000；85170000；85320000；85400000；85430000；85440000；85450000；85480000；85490000；88050000；90130000；90190000；90230000；94050000
		31.040	电阻器	
		31.260	光电子学、激光设备	
		97.120	家用自动控制装置	

我们从贸易成本的角度来考察不一致标准的贸易效应。根据上一部分的理论模型，国家标准与国际标准之间的不一致会对出口企业产生额外的贸易成本。原因在于，出口企业在进入国外市场时必须考虑各个目的国市场的具体标准，做出必要的修改使自己的出口产品符合目的国市场的特定标准，同时还面临着因与国际标准不一致而遭遇技术性贸易壁垒、应对贸易纠纷的潜在风险。此外，对于出口企业而言，进口国的关税水平也是贸易成本的重要组成部分。我们为标准不一致带来的贸易成本找到一个代理变量，即：t 年 k 产业中没有"等同采用（IDT）"一项国际标准或国外先进标准的国家标准占该产业所有国家标准的比重，记为 nh_t^k。同时，我们将 t 年贸易伙伴国 j 国 k 产业①的关税水平记为 $tariff_{jt}^k$，代表出口企业面临的关税成本。

5.2.4 实证分析

（1）出口量

在出口量方面，Shepherd（2007）、Czubala，Shepherd 和 Wilson（2009）以及 Portugal-Perez，Reyes 和 Wilson（2010）都证实了采用一致标准有利于增加出口。我们以这些模型的设定方法为基础，并借鉴 Reyes（2011）的研究方法将标准变量纳入经典的贸易引力模型之中，建立如下计量方程。

$$\ln(export_{jt}^k) = \alpha_0 + \alpha_1 \ln(gdp_{jt}) + \alpha_2 \ln(distance_j) + \alpha_3 \ln(tariff_{jt}^k)$$
$$+ \alpha_4 \ln(nh_t^k) + \alpha_5 \ln(w_{jt}^k) + \delta_t + \delta_k + \varepsilon_{jt}^k$$

$$(5.2.1)$$

被解释变量 $export_{jt}^k$ 刻画出口表现，包含两层含义，即中国 t 年 k 产业向 j 国的出口量以及出口倾向。我们定义出口倾向为一个虚拟变量，若中国 t 年 k 产业向 j 国的出口量为正，则取值为 1，否则为零。主要解释变量包括：j 国的经济规模（gdp_{jt}），中国与 j 国的双边距离（$distance_j$），j 国的关税率（$tariff_{jt}^k$），中国在 t 年 k 产业中不一致标准所占比重（nh_t^k）。我们还加入了控制变量 w_{jt}^k，表示在 t 年 k 产业中向 j 国出口的企业数占当年 k 产业所有出口企业数的比重，从而控制出口企业面临国际市场的自选择行为（Helpman，

---

① 根据 SIC 的 2 位数编码（36）下的四位数编码（3612 ~ 3699）确定。

Melitz 和 Rubinstein，2008）。我们考虑了现有文献在建模时纳入的所有变量，模型通过了 Specification link test for single-equation models，这表明本书的模型设定是恰当的。

数据方面，中国电子产品出口量 $export_{jt}^k$ 来自 UN Comtrade 数据库，gdp_{jt} 和 $tariff_{jt}^k$ 来自世界银行的 WDI（World Development Indicator）数据库；$distance_t^k$ 来自 CEPII BACI 贸易数据库；nh_t^k 来自国家标准化管理委员会国家标准查询数据库；w_{jt}^k 根据海关数据库提供的企业数据整理计算得到。此外，所有的回归中都加入了年份固定效应（δ_t）和产业固定效应（δ_k）。实证结果报告在表5-2中。

表 5-2　一致标准与中国电子产业出口（1992—2008）

Regressor	(1) $\ln(export_{jt}^k)$	(2) $\ln(export_{jt}^k)$	(3) $propensity_{jt}^k$	(4) $\ln(export_{jt}^k)$	(5) $\ln(export_{jt}^k)$
$\ln(distance_j)$	-0.701*** (0.088)	-0.735*** (0.114)	-0.059** (0.027)	-0.532*** (0.114)	-0.060** (0.027)
$\ln(gdp_{jt})$	0.629*** (0.066)	0.654*** (0.083)	-0.006 (0.020)	0.667*** (0.083)	-0.001 (0.019)
$\ln(tariff_{jt}^k)$	-0.511*** (0.090)	-0.234* (0.120)	-0.143*** (0.031)	-0.076 (0.135)	-0.134*** (0.031)
$\ln(nh_{jt}^k)$	-4.906*** (0.242)	-3.556*** (0.273)	-0.345*** (0.061)	-3.826*** (0.309)	-0.328*** (0.062)
$\ln(w_{jt}^k)$		0.237*** (0.0653)			
Sample	$export_{jt}^k > 0$	$export_{jt}^k > 0$	Full	Full	Full
Period	1992—2008	2000—2006	1992—2008	1992—2008	1992—2008
Year Fixed Effects	Yes	Yes	Yes	Yes	Yes
Industry Fixed Effects	Yes	Yes	Yes	Yes	Yes
Observations	1486	641	4706	4706	4706
Methods	OLS	OLS	Probit	Heckman (outcome)	Heckman (selection)

注：括号中以国家为聚类变量的聚类稳健标准误。产业固定效应依据 SIC4 位数编码设定。*、**、*** 分别表示 10%、5% 和 1% 的显著性检验水平。为节省篇幅，常数项、年份和产业固定等虚拟变量的系数略去。

所有的回归都显示，不一致标准所占比重提高对于中国电子产品的出口量和出口倾向均具有强烈的、在1%的统计水平上显著的负面影响，并且对于前者的影响力度显著大于后者。贸易伙伴国的关税水平也表现出出口抑制效应，但影响力度和显著性程度都要弱于不一致标准所占的比重。

表 5-2 的第（1）列和第（2）列汇报了 OLS 回归结果，在第（2）列中加入了反映企业自选择行为的控制变量 w_{jt}^k。结果表明，w_{jt}^k 对于电子产品出口量具有显著的正面作用。在加入这一变量后，不一致标准的影响系数下降了约 1 个百分点，但始终具有在 1% 的统计水平上显著的出口抑制效应。关税的影响系数下降了约 2 个百分点，显著性水平也从 1% 下降到 10%。第（3）列报告了不一致标准影响电子产品出口倾向的 Probit 回归，结果显示不一致标准所占比重与关税水平都会对电子产品的出口倾向产生显著的负面影响，前者的影响力度高于后者约 0.2 个百分点。第（4）列和第（5）列分别汇报了 Heckman 回归的结果方程（outcome function）和选择方程（selection function）结果，进一步证实了不一致标准所占比重对于电子产品的出口量和出口倾向都具有统计上显著的负面影响。不一致标准所占比重提高 1%，中国电子产品的出口量会减少约 3.83%，出口倾向会减少约 0.33%。

这里还需要考虑一个重要的内生性问题，贸易流动是否会影响国家标准体系中以国际标准为基础制定的国家标准量？我们认为以等同采用国际标准的方式制定国家标准相对于贸易额而言是外生的，原因在于：第一，制定国际标准的过程较为复杂，需要各有关利益方的协调和合作。因此，标准的设定与实施通常需要耗费时间，一般在 5 年以上。同时，标准化主要是由技术进步带动的，技术进步会对贸易产生影响，但是也要经历很长的时滞（Blind，2004）。第二，中国国家标准的平均标龄较长，采用国际标准的时效性不高。[1] 第三，中国的标准化体系依然带有计划经济的烙印，贸易企业的参与非常有限

---

[1] 国家标准与国际标准的发布年份相差越小，或标龄相差越小，表明采标越及时，采用国际标准的时效性越好。于欣丽（2008）的研究表明，截止 2006 年年底，中国国家标准的平均标龄为 9.88 年，近 60% 的最新版国家标准的发布年代是在 2000 以前。采标方面，与国家标准有对应关系的 ISO 标准的平均标龄为 16.75 年，与 ISO 标准有对应关系的中国国家标准的发布时间平均滞后于相应的 ISO 标准 8.25 年；与国家标准有对应关系的 IEC 标准的平均标龄为 14.8 年，与 IEC 标准有对应关系的中国国家标准的发布时间平均滞后于相应的 ISO 标准 7.1 年。总体上，在标注有发布年代的 8973 项与国家标准存在对应关系的国际或国外先进标准中，标准的平均标龄为 16.66 年，依据这些国际或国外先进标准制定的国家标准的平均标龄为 8.7 年。这些数据显示，与国际或国外先进标准有对应关系的中国国家标准的发布时间滞后于相应的国际或国外先进标准 7.96 年。

（Gao，2007；Lee 和 Oh，2008）。于欣丽（2008）研究认为，中国标准的制定的开放性还不够，到目前为止依然没有形成能够吸引市场各个利益方积极参与、有效沟通并最终达成相关方意见协调一致的高效机制。

（2）出口的扩展边际

以上实证表明，标准的不一致具有显著的出口抑制效应。换言之，不一致标准所占比重降低，或一致标准所占比重提高，将会对中国电子产品出口产生积极的正面促进作用。理论模型显示，一致标准对于贸易扩展边际和集约边际的影响可以对此提供解释。Reyes（2011）认为，目标市场标准严厉程度的异质性与企业生产率之间的异质性为企业进入国外市场提供了一个天然的等级体系，生产率较低的企业选择出口到标准严厉程度较低的市场，生产率较高的企业会选择服务那些标准更加严格的市场。国家标准中不一致标准所占比重的降低对出口企业形成了潜在压力，促使那些一开始仅向发展中国家出口的企业开始进入发达国家市场，特别是其中生产率较高的那部分企业。

基于海关数据库 2000 年、2003 年和 2006 年电子产业贸易企业的微观数据，我们采用 Logit 回归考察不一致标准所占比重降低，或一致标准所占比重提高对出口企业国际市场选择行为的影响。以 Shepherd（2007）、Czubala，Shepherd 和 Wilson（2009）、Portugal-Perez，Reyes 和 Wilson（2010）以及 Reyes（2011）的研究方法为基础，建立如下回归方程：

$$\Pr(E_{t+3} = 1) = \Phi(\alpha_1 \Delta tariff_{t+3}^k + \alpha_2 \Delta nh_{t+3}^k$$
$$+ \alpha_3 pr_t + \alpha_4 z_t + \alpha_5 \Delta nh_{t+3}^i * ob\_mul_t + \delta_t + \delta_k) \tag{5.2.2}$$

贸易的扩展边际用虚拟变量 E_{t+3} 表示，如果一家企业在 t 年仅向发展中国家出口，在 $t+3$ 年也开始向发达国家出口，则取值为 1，否则为零。$\Delta tariff_{t+3}^k$ 表示 3 年间关税的变化率，Δnh_{t+3}^k 反映 3 年间不一致标准所占比重的变化率。pr_t 是企业的劳动生产率，用工业增加值与全部从业人员平均人数的比值计算。z_t 包括一系列反映企业特征的控制变量，包括：soe_t 反映企业是否为国有企业，$size_t$ 表示企业规模，$shipment_t$ 反映贸易方式是否为一般贸易。为了考察对于那些初期就已经向多个发展中国家市场出口的企业而言，一致标准所占比重提高是否具有更加显著的出口促进效应，我们加入了交互项 $\Delta nh_{t+3}^i * ob\_mul_t$。此外，所有的方程都加入了时间固定效应（$\delta_t$）和产业固定效应（$\delta_k$）。

关税变化率与不一致标准所占比重的变化分别根据世界银行 WDI 数据库中的关税数据和国家标准化管理委员会国家标准查询数据库的标准数据计算得到。企业的工业增加值、从业人员平均人数和企业规模等数据来自中国工业企业数据库（1998—2007）。企业类型、贸易方式以及初期是否向不止一个发展中国家出口等变量依据海关数据库（2000—2006）提供的数据信息确定。实证结果汇报在表 5 - 3 中。

表 5 - 3　电子产品出口增长的扩展边际（2000—2006）

	(1)	(2)	(3)	(4)
$\ln(\Delta tariff_{t+3})$	0.1015 (0.2119)	-0.0575 (0.0783)	-0.0772 (0.0653)	-0.0591** (0.0282)
$\ln(\Delta nh_{t+3})$	-1.3231** (0.5728)	-1.7881*** (0.5279)	-1.7116*** (0.6315)	-1.4021*** (0.4813)
$\ln(pr_t)$		0.1802*** (0.0395)	0.2203*** (0.0424)	0.2572*** (0.0548)
soe_t			1.6015** (0.7933)	1.8331* (1.0673)
$\ln(size_t)$			0.0678 (0.0760)	0.0776 (0.0885)
ob_mul_t				-4.7105*** (1.4778)
$shipment_t$				-0.4760 (0.6374)
Year Fixed Effects	Yes	Yes	Yes	Yes
Industry Fixed Effects	Yes	Yes	Yes	Yes
Observations	5563	2369	2357	2357
Log Likelihood	-957.31145	-417.71473	-409.39487	-405.95415

注：表中为企业层面的 Logit 回归结果。括号中是以 SIC 四位数编码为聚类变量的聚类稳健标准误。模型包含了年份固定效应和产业固定效应，其中产业固定效应依据 SIC4 位数编码设定。*、**、*** 分别表示 10%、5% 和 1% 的显著性检验水平。为节省篇幅，常数项、年份和产业固定效应等虚拟变量的系数略去。

　　在所有的回归中，一致标准所占比重提高（即不一致标准所占比重降低）与初期仅向发展中国家出口的企业也开始进入发达国家市场之间存在稳健、并且在 1% 的统计水平上显著的正效应。在控制了企业劳动生产率、企业类型、企业规模、是否初期就供应多个发展中国家市场以及贸易方式之后，第（4）列的结果显示，一致标准所占比重提高 1%，新进入发达国家市场的企业数量会相应提高约 1.402%。这种可能性在那些一致标准所占比重更高的 SIC 产业类别中更加显著。劳动生产率的提高也会对贸易企业进入发达国家市场产生正面影响，初期仅向发展中国家出口的企业中生产率最高的那部分企业开始选择进入发达国家市场。此外，对于那些初期就向不止一个发展中国家出口的企业来说，一致标准对于该类企业也开始供应发达国家市场具有更为显著的促进作用。这些结果为假说 1 提供了支持。

　　（3）出口的集约边际

　　下面我们考察不一致标准对于中国电子产品出口增长的集约边际的影响。变量选取与以上分析一致，实证模型建立如下：

$$\ln(exeport_{jt}^k) = \alpha_0 + \alpha_1\ln(gdp_{jt}) + \alpha_2\ln(distance_j)$$
$$+ \alpha_3\ln(tariff_{jt}^k) + \alpha_4\ln(nh_t^k) + \alpha_5 z_{jt}^k + \delta_t + \delta_j + \varepsilon_{jt}^k \tag{5.2.3}$$

　　集约边际主要体现在"老企业老市场"，即初期已经开始向某国或某地区出口某类产品的企业在样本期内继续出口该产品至这些市场。我们在样本中分离出初期（2000 年）已经向发达国家出口的企业（ ab_t ），以及那些在 2000 年—2006 年持续供应发展中国家市场和发达国家市场的企业（ ab_c_t ），然后分别对两个样本进行 Pooled OLS 回归。被解释变量 $export_{jt}^k$ 表示中国 t 年 k 产业向 j 国的出口量，主要的解释变量包括：gdp_{jt} 表示 j 国的经济规模，$distance_j$ 表示中国与 j 国的双边距离，$tariff_{jt}^k$ 表示 j 国的关税率，nh_t^k 代表中国 t 年 k 产业中不一致标准所占比重。我们还加入了反映企业特征的其他控制变量，$foreign_t$ 代表企业是否为外资企业，$processing_t$ 代表贸易方式是否为加工贸易。所有的回归中都加入了年份固定效应（ δ_t ）和国别固定效应（ δ_j ）。回归结果报告在表 5-4 中。

表 5 - 4   电子产品出口增长的集约边际（2000—2006）

	(1)	(2)	(3)	(4)	(5)	(6)
$\ln(distance_i)$	-0.2272^{***} (0.0221)	-0.1437^{***} (0.0238)	-0.2380^{***} (0.0274)	-0.1016^{***} (0.0206)	-0.0654^{***} (0.0221)	-0.1368^{***} (0.0255)
$\ln(gdp_{it})$	0.0122 (0.0105)	0.0164 (0.0114)	0.0133 (0.0133)	0.0316^{***} (0.0097)	0.0345^{***} (0.0105)	0.0242^{*} (0.0125)
$\ln(tariff_{it}^{A})$	-0.4610^{***} (0.0258)	-0.3674^{***} (0.0276)	-0.5854^{***} (0.0339)	-0.3385^{***} (0.0240)	-0.2733^{***} (0.0256)	-0.4502^{***} (0.0320)
$\ln(nh_{it}^{k})$	-0.8459^{***} (0.0533)	-0.8791^{***} (0.0569)	-0.5788^{***} (0.0708)	-0.2442^{***} (0.0512)	-0.2685^{***} (0.0550)	-0.1590^{**} (0.0680)
$foreign_i$				0.1760^{***} (0.0329)	0.1560^{***} (0.0357)	0.1845^{***} (0.0434)
$processing_i$				1.8447^{***} (0.0338)	1.8576^{***} (0.0366)	1.7316^{***} (0.0420)
sample	Full	ab_i	ab_c_i	Full	ab_i	ab_c_i
Year Fixed Effects	Yes	Yes	Yes	Yes	Yes	Yes
Country Fixed Effects	Yes	Yes	Yes	Yes	Yes	Yes
Observations	26620	22263	15518	26620	22263	15518
R^2	0.0358	0.0243	0.0515	0.1665	0.1591	0.1674
F statistics	157.9511	89.8818	134.5642	648.0863	510.4565	391.9328

注：括号中为异方差稳健的标准误。模型包含了年份固定效应和国别固定效应。*、**、***分别表示 10%、5% 和 1% 的显著性检验水平。为节省篇幅，常数项、年份和国别固定效应等虚拟变量的系数略去。

实证结果显示，随着一致标准所占比重的提高，初期就供应发达国家和发展中国家的企业在这两类市场上的出口量随之增加；对于那些在样本期内持续供应两个市场的企业而言，它们向这些市场的出口量也一直在增加。企业性质属于外资企业，贸易方式为加工贸易同样有利于中国电子产品出口在集约边际上的增长。$processing_i$ 的系数比较大，在一定程度上反映出中国电子产品出口对于加工贸易方式的依赖。在控制住企业性质与贸易方式后，一致标准依然有利于增加电子产品的出口贸易量。对于那些初期就供应发展中国家市场和发达国家市场的企业而言，一致标准所占比重增加 1%，这些企业继续向原有市场出口的贸易量会增加 0.269%；对于那些在样本期内持续供应两类市场的企业而言，一致标准所占比重增加 1%，这些企业在老市场上的出口量也会增加 0.159%。因此，一致标准同样正面促进了中国电子产品出口在集约边际上的增长。

此外，综合表 5.2.3 和表 5.2.4 的研究结果还有一个有趣的发现：在贸易的扩展边际方面，出口国关税水平对于电子产业贸易企业的出口行为也具有负面影响，但显著性水平与影响力度远小于不一致标准所占比重。而在贸易的集约边际上，在控制住企业性质和贸易方式后，关税对于出口额的负面影响力度始终要高于不一致标准所占比重。

5.2.5 主要结论

标准是国际贸易交往中关键却又常常被忽视的因素。随着自由贸易的发展，传统关税壁垒大幅消减，国际贸易中非关税壁垒（NTBs）的重要性日益显现。对于出口国而言，目的市场的特有标准会对出口企业施加额外的成本，是非关税壁垒的一种主要表现形式（Reyes，2011）。对于出口国而言，任何企业进行生产和销售都必须以遵循一定的标准为前提。等同采用国际标准的国家标准，即一致标准在出口国国家标准体系中所占比重越高，会对本国贸易企业扩大出口市场产生积极影响。本小节主要结合中国工业企业数据库和海关数据库的微观企业数据，首次考察了一致标准对于异质性企业国际市场选择行为的影响，并将这种影响分解为贸易的扩展边际和集约边际。主要结论归纳如下：

第一，一致标准所占比重提高会对中国电子产品的出口量和出口倾向产生较为强烈的、统计上显著的正面影响。一致标准所占比重提高1%，电子产品的出口量会增加3.826%，出口倾向会增加0.328%。贸易伙伴国的关税消减也有利用增加出口，但影响力度与显著性程度都要弱于一致标准的作用。

第二，一致标准有利于中国电子产品出口在扩展边际上的增长。随着一致标准所占比重的提高，越来越多的初期仅供应发展中国家市场的贸易企业也开始进入发达国家市场，特别是那些生产率较高的贸易企业，以及初期就供应多个发展中国家市场的贸易企业。

第三，一致标准促进了中国电子产品在集约边际上的增长。一致标准所占比重提高有助于增加那些初期已经开始供应发展中国家市场和发达国家市场的企业在两类市场上的出口量。对于那些在整个样本期持续供应发展中国家市场和发达国家市场的企业而言，一致标准同样促进了这些企业在两类市场上的出口量。

以上结果表明，一致标准对中国电子产品的出口贸易具有显著且稳健的促进作用。这种促进作用对于出口增长的扩展边际与集约边际都有影响，并且对于前者的影响力度更大。本小节的研究成果为国家标准影响异质性企业国际市场选择行为的机制提供了理论论证和实证检验，对于推动中国标准化体制改革、促进中国电子产品出口贸易发展具有重要的政策含义。第一，中国应保障国家标准的编制质量和技术水平，优化标准体系结构，进一步提高国家标准化体系的国际化程度。第二，合理缩短国家标准与国际标准的标龄差距，提高采用国际标准的时效性。第三，中国应积极鼓励贸易企业、消费者等利益方参与国家标准的设定过程，并对国家标准的制定和实施效果进行评价。第四，从长期发展来看，中国应继续加强与 ISO、IEC 和 ITU 等国际标准制定机构的协调合作，在国际标准的筹备和设定过程中发挥更加积极的作用，并以充分考虑技术类型与经济社会发展能力为前提，推动国家标准成为国际标准。

在经历了 2008 年的世界经济危机之后，如何刺激出口贸易以拉动本国经济成为主要贸易国普遍关注的重要议题。在奥巴马提出重振美国制造业的施政纲领后，美国政府于 2010 年公布了一项扩大出口的计划，旨在 5 年之内使美国的出口量增加一倍。对于中国经济发展而言，繁荣出口贸易同样具有重要意义。中国的贸易企业也面临着如何扩大出口市场，进一步"走出去"的关键抉择。诚然，发展中国家和地区始终构成中国出口贸易的重要市场，但不可否认的是，以美国、欧盟和日本为代表的发达国家市场具有更大的潜在需求，对于拉动中国出口增长具有实质性的主导作用。国家一级的标准是国际交往中各贸易国开展交流与合作的主要接触面，也是国内行业标准、企业标准制定的基本依据①，发挥着产业引领与应用先导的作用。从这个意义上来讲，加快发展和完善国家标准体系不仅是推动中国出口贸易繁荣的重要微观动力，更是实现中国由贸易大国走向贸易强国的一项关键的贸易支持政策。

---

① 《标准化法》对我国的标准体制做出了明确的规定，即国家标准、行业标准、地方标准和企业标准。根据《中华人民共和国标准化法实施条例》的规定，对需要在全国范围内统一的技术要求，应当制定国家标准。对没有国家标准而又需要在全国某个行业范围内统一的技术要求，可以制定行业标准。对没有国家标准和行业标准而又需要在省、自治区、直辖市范围内统一的工业产品的安全、卫生要求，可以制定地方标准。企业生产的产品没有国家标准、行业标准和地方标准的，应当制定相应的企业标准，作为组织生产的依据。

第6章 案例分析：国际标准化中的政府角色与后发者策略

在以上章节中，论文集中考察了标准的贸易效应，证实国家标准和国际标准在中国对外贸易发展中具有重要的作用。在采用国际标准基础上编写的国家标准，特别是等同采用国际标准的国家标准，表现出积极的贸易促进效应。

在国际标准化实践中，国家标准和国际标准在一定程度上是可以相互转化的。一国可以等同采用或者修改采用国际标准。另一方面，一国的国家标准提交国际标准化组织审核，经过一定的报批程序后也可以上升为国际标准。同时，国际标准化进程中的领先者和后发者的地位也会随着技术进步与经济发展而发生变化。在产品竞争、品牌竞争之后，以欧、美、日为代表的发达国家以及以中国、韩国为代表的发展中国家都将推动国家标准成为国际标准的国际标准化策略提升到国家发展战略的高度。

随着经济发展实力的提升以及参与全球贸易流动的深入，中国已经开始从国际标准接受者的单一角色向国际标准化进程的参与者、国际标准制定者的身份转变。在积极采用国际标准的同时，中国也需要自己的国际标准化策略，并且更多地、实质性地参与国际标准化活动。因此，本小节主要结合韩国 Binary CDMA 标准的国际标准化案例，提出中国国际标准化进程中的后发者策略。

6.1 引言

近 10 年来，以中国、韩国为代表的标准"后发国"开始活跃在国际标准化舞台上，积极争取在以技术密集和知识密集为特征的数字产业中的国际话语权。2012 年 2 月，国际电信联盟（ITU）无线通讯局正式通过对两项数字电视国际标准的修订，将中国的数字电视地面多媒体广播系统标准（Digital Television Terrestrial Multimedia Broadcasting，DTMB）（标准号：GB20600 – 2006）纳入国际标准的范畴。中国 DTMB 标准正式成为继美国、欧盟和日本之后的又一个数字电视国际标准，这是中国在数字电视领域的首个重要的国际标准。[①]

中国企业在数字电视领域终于有了国际话语权。在感到振奋人心之余，我们依然需要面对在国际标准化领域里中国标准严重缺失的现实。在几次标准化浪潮中，美国、欧盟等发达国家贡献了大量的国际标准，长期以来占据着绝对的主导地位，相反来自发展中国家的国际标准数量非常之少。据《2010 国际标准化发展研究报告》统计，2009 年在 ISO TC/SC 秘书处数量超过 10 个的 14 个国家中，承担数量在 60 个以上的有 5 个国家，包括美国（129 个，占 20.22%）、德国（129 个，占 20.22%）、法国（74 个，占 11.60%）、英国（73 个，占 11.44%）和日本（60 个，占 9.40%）；其余 9 个国家承担数量在 30 个以下，包括中国（26 个，占 4.08%）、瑞典（25 个，占 3.92%）、荷兰（21 个，占 3.29%）等。[②] 在全世界大约 1.6 万项国际标准中，中国参与制定的国际标准不足 2‰，其余 99.8% 的国际标准都是由国外机构制定的。因特网工程特别工作组（Internet Engineering Task Force，IETF）是目前主导着全球通用标准发布的最具权威的技术标准组织，但在经过它认可的 4000 多项国际标准中，由中国制定的仅有 3 项。[③]

对国际标准的拥有量通常代表着一国在相关领域的话语权，缺乏国际标准意味着没有话语权，这种国际标准化中的地位不平等将直接影响到一国的产业

---

① 参见中国广播网，"我国数字电视标准正式纳入估计标准"，网址：http：china. cnr. cn/gdgg/201202/t20120214_ 5... 2012 – 2 – 14
② 参见《2010 国际标准化发展研究报告》，中国标准化研究院编，2011，北京：中国标准出版社，第 75 页。
③ 参见新华网，"3 项互联网国际标准首度中国造 不足千分之一"，网址：http：news. xinhuanet. com/newmedia/2006 – 12/... 2006 – 12 – 1

发展空间和对外贸易结构。① 随着技术进步和经济发展进程的加快，如何成功推动国家标准上升为国际标准已经成为世界主要国家参与国际市场竞争的关键所在，国际标准化策略是各国在新一轮产业转移和国际分工中赢得优势的核心筹码。②

对于信息和通讯产业（Information and communication industry，ICT）而言，信息资源共享是实现信息化的前提，而信息技术的标准化正是保证信息资源共享的基础。因此，该领域的企业利益在很大程度上是由技术创新、标准与知识产权共同决定的。信息技术的科技含量高，更新速度快，通常在信息技术投放市场之前、在实现大规模应用的前期就必须完成相关标准的制定，这样才能发挥标准的产业引领和应用先导的积极作用。正是在这类产业中，标准领先国和标准后发国的相对地位会随着技术进步以及标准化各个利益方相对实力的较量而发生转变。在全球化和数字化迅猛发展的背景下，网络外部性跨越国界③，开放经济中国际标准化和后发者策略的重要性不断凸显。以中国、韩国为代表的发展中国家也开始越来越多的参与国际标准化过程，积极承担贡献国际标准的责任。

6.2　韩国国际标准化中的市场机制

6.2.1　韩国 Binary CDMA 标准

长期以来，美国高通公司（Qualcomm）一直在 CDMA（（Code Division

---

① 在 Internet 领域里中国标准的严重匮乏促使政府部门、学界、业界高度强调信息产业标准化的战略意义及政策含义。代表性的观点包括："标准是信息产业的制高点（谢伟，2004）""标准是国际上新出现的柔性规则（毕春丽、潘峰，2006）""技术标准化规则，尤其是包含知识产权的标准，有利于掌握核心专利技术的发达国家，不利于像中国一样的发展中国家，标准化的政策和战略在中国的信息产业发展中起关键的作用（杨少华、李再扬，2011）"等。此外，吕铁（2005）探讨了技术标准化与产业标准战略，冯根福等（2006）探讨了信息产业标准的形成机制及其效率。

② 例如，刘青春等（2012）研究认为，美国正在实施的国家标准战略旨在从三个方面去实现美国标准的国际化。第一，用美国的标准原则与构想去改变国际标准化程序；第二，用美国技术、标准和程序的价值观去影响区域性标准化活动，例如南北美洲、太平洋地区，进而对国际标准化活动产生影响；第三，用美国标准去整合国际标准。

③ Gandal 和 Shy（2001），Klimenko（2007，2009a，2009b）分析了开放条件下的网络效应。

Multiple Access）领域里处于领跑者的地位，拥有高达 1400 多项的技术专利。高通公司更是凭借它在 CDMA 领域的绝对优势，积极推动以该公司核心技术为主要内容的技术标准成为第三代移动通讯网络的国际标准。尽管高通公司拥有 CDMA 领域的强势地位，但韩国的 Casuah 企业依然独立于高通公司的电讯技术而自主开发了 Binary CDMA 技术并申请专利，并且在韩国电子技术研究院（Korea Electronics Technology Institutes，KETI）、韩国技术和标准局（Korean Agency for Technology and Standards，KATS）的提议下于 2009 年成为 ISO 国际标准（ISO/IEC 24771）。我们同样结合在 Binary CDMA 国际标准化过程中市场机制和非市场机制发挥的作用来分析这一成功的案例。

Binary CDMA 这一技术概念是由韩国企业 Casuh 在 2000 年—2001 年间独立研发的。该企业的 CEO Ryu 博士之前曾在韩国移动通讯（KMT，即现在的 SK 电信）任要职，同时也是韩国 ADD 防御发展局（Agency for Defense Development）的高层管理人员。Ryu 博士还是推动 CDMA 通讯系统在韩国成功实现商业化的几个核心技术专家之一。受益于这些丰富的专业实践经历，Ryu 博士在 Casuh 公司任职时提出了有关 Binary CDMA 的研发项目。韩国电子技术研究院（Korea Electronics Technology Institutes，KETI）看到了 Binary CDMA 技术未来发展的巨大潜力，因此与 Casuh 合作共同开发 Binary CDMA 技术。韩国电子技术研究院是由韩国政府出资设立的，早在 1991 年就与高通公司合作开发 CDMA 技术。

从技术本身来讲，Binary CDMA 是一种无线个人局域网通讯技术，与蓝牙技术（Bluetooth）相似，可以实现个人数字设备之间的无线连接，进而形成自组织（Ad hoc）网络。与其他同类技术相比，Binary CDMA 通过将多码的 CDMA 信号截短成二元值从而减少了多码 CDMA 技术在信号传输中的波动性，不需要造价昂贵的 CDMA 传输和接收系统，但能有效规避来自收音频率的干扰（Choung，Ji 和 Hameed，2011）。这些优势也使得较低成本的 Binary CDMA 与其他同类技术相比，技术性能更加优越。Binary CDMA 标准的核心技术是从 CDMA、TDMA（Time Division Multiple Access）技术的基本概念中衍生出来的，同时融合了 CDMA 和 TDMA 的技术优势。Binary CDMA 技术与 CDMA 标准、蓝牙技术以及 TDMA 标准之间的关系如图 6-1 所示。

高品质的技术水平为韩国 Binary CDMA 标准的国际标准化奠定了基础。为了推行 Binary CDMA 标准成为国际标准，韩国在开发前期就邀请相关领域专家对这一技术的核心概念、理论基础和商业模式进行了充分的论证。在推行 Binary CDMA 的整个过程中，更是充分考虑了来自经济、社会等各方面的重要因素，市场机制和非市场机制不仅充分发挥了各自的优势，而且赢得了这两者有机结合带来的额外收益。

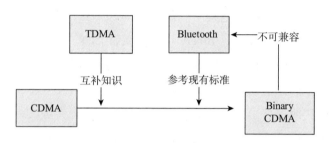

图 6-1　四种无线网络技术

资料来源：Choung，Ji 和 Hameed（2011）．

2002 年，韩国发起成立了 Binary CDMA 家庭网络论坛。大约 30 家企业、高校、研究机构以及政府部门都积极参加。其中知名企业占多数，包括 LG 电子、三星电子、韩国电信、SK 电信、Casuh 公司等。研究机构和高校有韩国电子技术研究院、成均馆大学、延世大学等。韩国技术和标准局（Korean Agency for Technology and Standards，KATS）以及商业、工业和能源部（Ministry of Commerce，Industry and Energy，MOCIE）代表政府部门参与了论坛。这些政府部门的代表对 Binary CDMA 标准的技术性能予以高度评价，并着手有计划地支持该项技术的商业推广和国际标准化进程。

为了进一步明确 Binary CDMA 最具有发展潜力的目标市场，韩国电子技术研究院以及韩国商业、工业和能源部等机构再次对 Binary CDMA 标准的技术性能、商业模式和标准化策略进行了充分论证。在这次大规模论证的基础上，Binary CDMA 最终确立了两个重点发展的领域。第一个领域是工业无线通讯市场。在工业无线通讯市场上，尽管企业对局域网通讯技术标准有着强烈的需求，但当时还没有形成任何足以在市场上占据支配地位的无线通讯标准。因此，韩国 Binary CDMA 的开发者计划首先进入工业市场，在工业市场形成市场势力后再进军家庭网络市场。在此过程中，韩国政府积极推动韩国与中国、日本之间的国际交流与合作，多次与中国、日本等国的知名高校、研究结构和大企业合作发起国际会议，鼓励参加者踊跃提交有关 Binary CDMA 的专业论文。例如，2002 年韩国与中国清华大学合作发起的"中—韩尖端信息技术研讨会"，2004 年在中国深圳举办的"中韩 Binary CDMA 技术专家论坛"等。韩国积极发起和参与国际会议，引起了各界对于 Binary CDMA 标准的关注和讨论，大量高质量的学术论文极大地激发了有关 Binary CDMA 标准的研发创新，这一标准的国际声誉也不断提升。Binary CDMA 关注的第二个领域是家庭网络市场。韩国方面预期中国将拥有世界上最大的家庭网络市场，因此在标准推行前期就积极地与中国家电领域的知名企业进行接触。韩国大宇电子元件与中国的家电巨人海尔集团签署了有关 Binary CDMA 标准化的合作协议。韩国认为这一协定为发展 Binary CDMA 标准开启了新契机（Choung，Ji 和 Hameed，2011）。

虽然 Binary CDMA 技术也借鉴 CDMA 技术的基本理念，但 Binary CDMA 技术的核心概念则完全是由韩国的企业与研究机构自主研发的。在推广 Binary CDMA 国际标准化的过程中，韩国政府始终强调，由韩国自主开发的无线互联网标准将完全公开，相关的技术信息都会提供给所有应用程序与操作系统的开发商。美国高通公司非常欢迎韩国的做法，认为技术标准的公开同时也有利于高通公司继续改进相关技术，更好的满足韩国市场的具体技术标准要求。双方之间的良好协作关系也为韩国推广 Binary CDMA 技术赢得了来自美国方面的技术支持和认可。技术本身的性能优势，再加上来自制度、经济和社会等各方面积极因素的推动，Binary CDMA 的标准采用水平获得了极大的提高，韩国终于在 Binary CDMA 国际标准化的过程中实现了由后发者向领先者的转变，推动国家标准成为国际标准的国际标准化策略取得了成功。

6.2.2　中国国际标准化策略选择

现代经济发展中，一项技术成为专利可能会影响一家或几家企业，如果成为标准就会影响整个产业，甚至是国际层面的国家竞争力。因此，政府在那些发展迅猛、先进技术层出不穷的新兴产业中推行标准，蕴含着强烈的战略意义，国际标准竞争本身是充满策略的博弈过程。技术水平是决定国际标准化成败的重要因素之一，但并非唯一的充分条件。相反，在技术发展相对成熟的情况下，来自社会、制度和经济等方面的策略和合力在很大程度上比技术本身更加重要。

Choung，Ji 和 Hameed（2011）总结了三种可供后发者选择的国际标准化策略，这些对中国的国际标准化实践而言具有重要的借鉴意义和参考价值，即：后发者可以选择参与一项国际标准并成为国际标准的一个子部分；也可以选择以已有的国际标准为基础，并做出一些可兼容的改动；还可以在综合考虑技术、经济、社会和制度等各方实力的基础上发展自己的独立标准。但他们同时认为，除非后发国已经充分掌握了国内外关键的技术和非技术因素，并且在这两个方面都具有较强的竞争优势时，才能考虑提出新的独立标准。如果后发国想要直接从采用领先国的技术标准阶段直接跨越到推广自己的独立技术标准阶段，就必须慎重考虑除技术实力以外的其他因素。

世界经济国际化的链条中的重要环节之一就是标准的国际化（陈志田和叶柏林，1988）。裴涵（2011）研究认为，中国虽然在世界市场和对外贸易上取得了瞩目的成绩，在不少产品领域已经占据处于优势的国际市场份额，但中国在国际标准化发展进程中依然是后来者，在许多技术领域的标准化实践都没有充分体现出中国应有的国际影响力和重要地位。张大伟和杨丽娟（2011）的研究表明：与国际标准保持互联互通，并积极吸引多方成员形成标准联盟，有利于推动中国电子书标准的国际标准化。

从世界发展潮流和历史趋势来看，中国标准必然要走国际标准化的道路。政府在实施标准化政策时，应正视国际标准化领域里中国标准匮乏的现实以及与欧盟国家相比实力较为悬殊的后发者地位，注重从长远利益出发，切忌短视。成功的标准化策略需要市场机制和非市场机制的有机结合。在发挥市场机制的作用时，中国应尊重企业决策，将标准化成果转换为企业激励。[①] 在非市场机制方面，中国应充分发挥政府和标准化委员会在信息交换、协调方面的优势，实现国际标准化进程的公开、透明，明晰政府在国际标准化中的角色，在尊重企业利益和消费者诉求的基础上选择适宜的国际标准化策略。

目前，中国企业参与国际标准化工作的能力较低，影响力小，中国国际标准化策略的成功需要政府、企业和研究结构的共同努力，现有的标准化体制也

---

① 匡兵（2011）认为，中国标准化工作主要还是依靠政府和传统的国家级科研院所，企业作为标准化工作的微观主体的作用发挥不充分，这必然制约产业和国家标准化水平的提高。

需要改革并获得来自政府的政策支持。企业和标准化研究机构应协调合作，积极研发先进标准，申请专利并实现产业化。从中国国情出发，在尊重企业决策和消费者需求的基础上确立政府在标准化中的恰当角色，依托各产业领域的标准化机构、产业联盟与行业协会来推动一批具备自主知识产权的中国标准上升为国际标准，是中国当前可以考虑的国际标准化策略。此外，政府还应审慎对待国家标准与国际标准的兼容问题，以推进国际标准化进程为契机塑造具有影响力的世界品牌。

第 7 章　结语

7.1　主要研究结论

第一，国家标准和国际标准对于中国对外贸易发展具有重要作用。自愿性的国家标准和国际标准都正面促进了中国进出口贸易规模的增长，而且自愿性国际标准的影响力度更大。不论是国家标准还是国际标准，它们对于中国出口贸易的影响都要更加显著。岭回归的结果进一步证实了国家标准的出口促进作用，这种影响自 2001 年中国加入 WTO 以来发生了显著的结构性改变。

第二，各类标准的贸易效应存在重要的部门差异。从部门层面来看，标准的增加对中国进出口贸易发展具有重要作用。国家标准、国际标准的增加都对中国对外贸易发展产生了正面的促进作用，并且国际标准的影响力度还要大于国家标准。国家标准对进口贸易的促进作用大于对出口的促进作用，国际标准对出口贸易的推动作用大于对进口的推动作用。从标准类别来看，产品、基础和方法标准，管理标准，安全、卫生和环保标准等各类标准的增加也有助于中国对外贸易规模的扩大。产品、基础和方法标准在 28 个 ICS 技术部门中表现出显著的贸易促进效应。管理标准在 13 个部门表现出显著的贸易促进效应。安全、卫生和环保标准在 14 个部门中表现出显著的贸易促进效应。从标准构成来看，中国标准体系存在结构性的不平衡：一是在标准存量多的技术部门中，国际标准所占比重偏低；二是在各个 ICS 技术部门中，技术标准比重较高，管理标准所占比重偏低；三是技术标准中产品标准、基础标准和方法标准所占比重较高，安全标准、卫生标准和环保标准所占比重偏低。在一些与人身安全、健康卫生密切相关的部门中，安全、卫生和环保标准严重缺失。

第三，国家标准、国际标准对于中国电子产品的出口贸易具有显著且稳健的作用。从总量上看，强制性国家标准、强制性国际标准及自愿性国际标准都推进了中国电子产品领域的出口贸易，但是中国特有的自愿性国家标准没有表现出正面的贸易促进效应。从分类数据来看，国家标准、国际标准的贸易效应随着标准执行效力的不同以及产品种类的差异而变化。强制性国家标准的贸易促进效应，主要体现在对消费类电子产品和电信产品的出口上。中国特有的自愿性国家标准促进了电子元器件的出口，但不利于消费类电子产品和电信产品，以及信息技术产品的出口，对于后两类产品的贸易抑制效应大于对第一类产品的贸易促进效应，因此整体上自愿性国家标准表现出抑制了中国电子产品的出口。强制性国际标准负面影响了消费类电子产品和电信产品的出口，促进了信息技术产品的出口，对于后者的贸易促进效应几乎是对前者的贸易抑制效应的两倍，因此整体上强制性国际标准表现出促进了中国向世界出口电子产品。此外，无论是总量数据还是分类数据，自愿性国际标准始终表现出显著且稳健的贸易促进效应。

第四，微观层面的分析进一步解释了国际标准影响电子产品出口的微观机制和影响程度。等同采用国际标准的国家标准，即一致标准所占比重提高，会对中国电子产品的出口量和出口倾向产生较为强烈的、统计上显著的正面影响。一致标准有利于中国电子产品出口在扩展边际上的增长。随着一致标准所占比重的提高，越来越多的初期仅供应发展中国市场的贸易企业也开始进入发达国家市场，特别是那些生产率较高的企业，以及初期就供应多个发展中国家市场的企业。一致标准同样有利于中国电子产品出口在集约边际上的增长。一致标准所占比重提高有助于增加那些初期已经开始供应发展中国家市场和发达国家市场的企业在原有市场的出口量。对于那些在整个样本期持续供应发展中国家市场和发达国家市场的企业而言，一致标准同样促进了这些企业在两类市场上的出口量。

第五，从韩国 Binary CDMA 的国际标准化案例可以发现，技术水平是决定国际标准化能否取得成功的重要因素，但并非唯一的充分条件。在技术相对成熟的情况下，来自科技、经济和社会等方面的合力以及核心的标准化策略比技术本身更为重要。中国国际标准化策略的成功需要来自政府的政策支持，并在尊重企业决策和消费者需求的基础上确立政府在标准化中的恰当角色，依托各产业领域的标准化机构、产业联盟与行业协会来推动一批具备自主知识产权的中国标准上升为国际标准。政府还应审慎对待国家标准与国际标准的兼容问题，以推进国际标准化进程为契机塑造具有影响力的世界品牌。

7.2　研究结论对于中国的政策启示

以上主要研究结论为中国标准化发展对于中国进出口贸易的影响提供了理论分析框架和实证支持，对加快中国标准化实践的发展进程、繁荣中国对外贸易发展来讲具有重要的政策意义。

第一，中国应更加深入地推进国家标准化体系的建设和完善，确保国家标准数量稳步、合理增长，重视提升国家标准的编制质量和效率，提高采用国际标准的时效性，并且与国际标准化实践充分接轨。

第二，标准的贸易效应与标准的执行效力、产品种类有关，中国应注重优化中国标准体系的结构，特别是在各类电子产品领域中国家标准体系的结构，包括：国家标准与国际标准所占的比例、强制性标准与自愿性标准的比例，以及技术标准与管理标准所占的比例等。同时，积极提高管理标准、安全标准、卫生标准和环保标准在国家标准中所占的份额，为应对技术性贸易壁垒、实现中国由贸易大国向贸易强国迈进提供有力支持。

第三，中国应积极鼓励企业、消费者等各利益方参与国家标准的设定过程，综合考虑国家标准制定和实施的效率，对标准的实施情况进行监督评价。实施后要及时反馈信息和意见，为下次修订做好准备。适时制（修）订标准，及时修改、补充和定期复审。标准的贸易效应最终取决于标准的贯彻实施，中国应审慎确定强制性和自愿性标准的边界和种类，注重对强制性标准和自愿性标准的执行、实施情况进行监督。同时，建设和完善国家标准信息共享服务平台，为企业提供及时、丰富的标准化信息服务，鼓励国内企业积极借鉴国际企业的标准化实践经验。

第四，加强国际交流，提升国家标准化体系的国际化水平。追踪国外先进标准，加快采用国际标准的速度，扩大采用国际标准的技术范围和类别。从长远看，在积极采用国际标准和国外先进标准的同时，中国应不断加强与 IEC、ISO 和 ITU 等国际标准化组织的协商交流与互利合作，更多实质性地参加筹备、制定国际标准的过程，在汲取国际标准化的成功经验与充分考虑技术标准类型、经济和社会发展实力的基础上提高中国标准的声誉，积极推动国家标准成为国际标准。

7.3　研究动态及进一步研究思路

第一，标准也是中国可以实施的技术性贸易措施。在 WTO 框架下，政府成为技术性贸易壁垒的管理主体，也只有政府才掌握足够的资源对技术性贸易措施进行有效甄别并实施管理。因此，从标准角度，探讨中国的技术性贸易措施是一个重要的研究方向。

第二，国际交往中，中国的主要贸易伙伴国的标准体系也会对中国的进出口贸易产生重要影响。如果可以进一步获取世界上主要国家的国家标准体系在标准量和标准结构方面的数据，再与中国标准的贸易效应进行对比，研究结果的说服力和理论价值将会有更大提升。

第三，国家标准的贸易效应与产业类别、贸易商品种类密切相关，有关中国标准的贸易效应的研究应进一步在产业层面和企业层面进行分析。区分不同类型的标准对于特定产业的影响，例如兼容性标准对于网络产业的作用，以及管理标准对服务业贸易的作用将会是有趣的研究方向。

参考文献

[1] Ackerberg D A, Gowrisankaran G. Quantifying equilibrium network externalities in the ACH banking industry [J]. NBER Working Paper, No. 12488. 2006.

[2] Akerlof G A. The market for" lemons": Quality uncertainty and the market mechanism [J]. TheQuarterly Journal of Economics. 1970: 488 – 500.

[3] Amable B, Verspagen B. The role of technology in market shares dynamics [J]. Applied Economics. 1995, 27 (2): 197 – 204.

[4] Amiti M, Freund C. An anatomy of China's export growth. Forthcoming in: China's Growing Role in World Trade [J]. National Bureau of Economic Research, Cambridge, Mass. 2008.

[5] Antonelli C. Localized technological change and the evolution of standards as economic institutions [J]. Information Economics and Policy. 1994, 6 (3): 195 – 216.

[6] Aoki R, Prusa T J. International standards for intellectual property protection and R & D incentives [J]. Journal of International Economics. 1993, 35 (3): 251 – 273.

[7] Arthur B. On Competing Technologies and Historically Small Events: The Dynamics of Choice-under Increasing Returns [J]. International Institute for Applied Systems Analysis Paper WP. 1983.

[8] Baldwin R. Heterogeneous firms and trade: testable and untestable properties of the Melitz model [J]. NBER Working Paper, No. 11471. 2005.

[9] Baller S. Trade effects of regional standards liberalization: A heterogeneous firms approach [J]. World Bank Policy Research Working Paper, No. 4124. 2007.

[10] Barrett S. StrategicEnvironmental Policy and International Trade [J]. Journal of Public Economics. 1994, 54 (3): 325 – 338.

[11] Barry C, Reddy S. International trade and labor standards: A proposal for linkage [M].

Columbia University Press, 2008.

[12] Beck N, Katz J N. What to do (and not to do) with time-series cross-section data [J]. American Political Science Review. 1995: 634 – 647.

[13] Bernard A B, Eaton J, Jensen J B, et al. Plants and Productivity in International Trade [J]. American Economic Review. 2003, 93 (4): 1268 – 1290.

[14] Bernard A B, Eaton J, Jenson J B, et al. Plants and productivity in international trade [J]. NBER Working Paper, No. 7688. 2000.

[15] Bernard A B, Jensen J B, Redding S J, et al. Firms in international trade [J]. CEP Discussion Paper, No. 795. 2007.

[16] Bernard A B, Jensen J B, Redding S J, et al. The empirics of firm heterogeneity and international trade [J]. NBER Working Paper, No. 17627. 2011.

[17] Besen S M, Farrell J. Choosing how to compete: Strategies and tactics in standardization [J]. The Journal of Economic Perspectives. 1994, 8 (2): 117 – 131.

[18] Bhattacharjee S, Gopal R D, Marsden J R, et al. Digital goods and markets: Emerging issues and challenges [J]. ACM Transactions on Management Information Systems (TMIS). 2011, 2 (2): 8.

[19] Blind K. The impacts of innovations and standards on trade of measurement and testing products: empirical results of Switzerland's bilateral trade flows with Germany, France and the UK [J]. Information Economics and Policy. 2001, 13 (4): 439 – 460.

[20] Blind K. The Economics of Standards: Theory, Evidence, Policy [M]. Edward Elgar Publishing Limited, 2004.

[21] Blind K. The Impact of Technical Standards and Innovative Capacity on Bilateral Trade Flows [J]. Fraunhofer Institute for Systems and Innovation Research, Karlsruhe. 2000.

[22] Blind K, Grupp H, Jungmittag A. The Influence of Innovation and Standardization on Macroeconomic Development: The Case of Germany [J]. Paper to 1st IEEE Conference on Standardization and Innovation in Information Technology, Aachen, September. 1999.

[23] Blind K, Jungmittag A. Trade and the Impact of Innovations and Standards: The Case of Germany and the UK [J]. Applied Economics. 2005, 37 (12): 1385 – 1398.

[24] Blind K, Jungmittag A. The impact of patents and standards on macroeconomic growth: a panel approach covering four countries and 12 sectors [J]. Journal of Productivity Analysis. 2008, 29 (1): 51 – 60.

[25] Blind K, Jungmittag A. The impacts of innovations and standards and German trade in gener-

al and on trade with the UK in particular [J]. Internal Paper of Fraunhofer. 1999, 2: 205 – 221.

[26] Blind K, Jungmittag A. The Impacts of Innovation and Standards on German Trade in General and on Trade with the UK in Particular: A Step Further on Swann, Temple and Sharer [J]. Fraunhofer Institute for Systems and Innovation Research, Karlsruhe. 2001.

[27] Blind K, Jungmittag A. The Impacts of Innovation and Standards on German-France Trade Flows [J]. Fraunhofer Institute for Systems and Innovation Research, Karlsruhe. 2002.

[28] Blind K, Thumm N. Interrelation between patenting and standardisation strategies: empirical evidence and policy implications [J]. Research Policy. 2004, 33 (10): 1583 – 1598.

[29] Bolton P, Dewatripont M. The firm as a communication network [J]. The Quarterly Journal of Economics. 1994, 109 (4): 809 – 839.

[30] Brynjolfsson E, Kemerer C F. Network externalities in microcomputer software: An econometric analysis of the spreadsheet market [J]. Management Science. 1996, 42 (12): 1627 – 1647.

[31] Busse M R, Rysman M. Competition and Price Discrimination in Yellow Pages Advertising [J]. Yale SOM Working Paper, No. ES – 13. 2001.

[32] Butler I, Sánchez G, Alzúa M L. Impact of technical barriers to trade on Argentine exports and labor markets [J]. Documentos de Trabajo del CEDLAS. 2008.

[33] CEC. Technical Barriers to Trade [J]. Volume 1 of Sub-series III Dismantling of Barriers of the Single Market Review. Luxembourg: Office for Official Publication. 1998.

[34] Chaney T. Distorted gravity: the intensive and extensive margins of international trade [J]. The American Economic Review. 2008, 98 (4): 1707 – 1721.

[35] Chen M X, Mattoo A. Regionalism in standards: good or bad for trade? [J]. Canadian Journal of Economics/Revue canadienne déconomique. 2008, 41 (3): 838 – 863.

[36] Chen M X, Otsuki T, Wilson J S. Do standards matter for export success? [J]. World Bank Policy Research Working Paper, No. 3809. 2006.

[37] Chen M X, Wilson J S, Otsuki T. Standards and export decisions: Firm-level evidence from developing countries [J]. The Journal of International Trade & Economic Development. 2008, 17 (4): 501 – 523.

[38] Choi J P. The Provision of (Two-way) Converters in the Transition Process to a New Incompatible Technology [J]. The Journal of Industrial Economics. 1997, 45 (2): 139 – 153.

[39] Choung J Y, Ji I, Hameed T. International standardization strategies of latecomers: The ca-

ses of Korean TPEG, T-DMB, and binary CDMA [J]. World Development. 2011, 39 (5): 824 – 838.

[40] Church J, Gandal N. Network effects, software provision, and standardization [J]. The Journal of Industrial Economics. 1992: 85 – 103.

[41] Clougherty J A. The impact of ISO 9000 diffusion on trade and FDI: A new institutional analysis [J]. Journal of International Business Studies. 2008, 39 (4): 613 – 633.

[42] Clougherty J A, Grajek M. International Standards and International Trade: Empirical Evidence from ISO 9000 Diffusion [J]. NBER Working Paper, No. 18132. 2012.

[43] Cusumano M A, Mylonadis Y, Rosenbloom R S. Strategic maneuvering and mass-market dynamics: The triumph of VHS over Beta [J]. Business history review. 1992, 66 (1): 51 – 94.

[44] Czubala W, Shepherd B, Wilson J S. Help or Hindrance? The Impact of Harmonised Standards on African Exports [J]. Journal of African Economies. 2009, 18 (5): 711 – 744.

[45] Czubala W, Shepherd B, Wilson J S. Help or Hindrance-The Impact of Harmonized Standards on African Exports [J]. World Bank Policy Research Working Paper Series, Vol. 2007.

[46] Dasgupta S, Mody A, Roy S, et al. Environmental regulation and development: A cross-country empirical analysis [J]. Oxford Development Studies. 2001, 29 (2): 173 – 187.

[47] David P A. Clio and the Economics of QWERTY [J]. The American Economic Review. 1985, 75 (2): 332 – 337.

[48] David P A, Greenstein S. The Economics of Compatibility Standards: An Introduction to Recent Research 1 [J]. Economics of innovation and new technology. 1990, 1 (1 – 2): 3 – 41.

[49] De Frahan B H, Vancauteren M. Harmonisation of food regulations and trade in the Single Market: evidence from disaggregated data [J]. European Review of Agricultural Economics. 2006, 33 (3): 337 – 360.

[50] Dranove D, Gandal N. The DVD - vs. - DIVX Standard War: Empirical Evidence of Network Effects and Preannouncement Effects [J]. Journal of Economics & Management Strategy. 2003, 12 (3): 363 – 386.

[51] Economides N. The economics of networks [J]. International journal of industrial organization. 1996, 14 (6): 673 – 699.

[52] Economides N, Himmelberg C. Critical mass and network size with application to the US fax

market [J]. NYU Stern School of Business EC – 95 – 11. 1995.

[53] Ederington J. Should Trade Agreements Include Environmental Policy? [J]. Review of Environmental Economics and Policy. 2010, 4 (1): 84 – 102.

[54] Egyedi T M. Standard-compliant, but incompatible?! [J]. Computer Standards & Interfaces. 2007, 29 (6): 605 – 613.

[55] Einhorn M A. Mix and match compatibility with vertical product dimensions [J]. The RAND Journal of Economics. 1992: 535 – 547.

[56] Evers N, Knight J. Role of international trade shows in small firm internationalization: a network perspective [J]. International Marketing Review. 2008, 25 (5): 544 – 562.

[57] Farrell J, Saloner G. Standardization, compatibility, and innovation [J]. The RAND Journal of Economics. 1985: 70 – 83.

[58] Farrell J, Saloner G. Installed base and compatibility: Innovation, product preannouncements, and predation [J]. The American Economic Review. 1986: 940 – 955.

[59] Ferrando J, Gabszewicz J J, Laussel D, et al. Intermarket network externalities and competition: An application to the media industry [J]. International Journal of Economic Theory. 2008, 4 (3): 357 – 379.

[60] Fischer R, Serra P. Standards and protection [J]. Journal of International Economics. 2000, 52 (2): 377 – 400.

[61] Frankel J A, Stein E, Wei S J. Regional trading blocs in the world economic system [M]. Peterson Institute Press, 1997.

[62] Gandal N. Quantifying the trade impact of compatibility standards and barriers: an industrial organization perspective [J]. Tel Aviv University, University of California-Berkeley and CEPR. 2000.

[63] Gandal N, Shy O. Standardization policy and international trade [J]. Journal of International Economics. 2001, 53 (2): 363 – 383.

[64] Gandal N. Competing compatibility standards and network externalities in the PC software market [J]. The Review of Economics and Statistics. 1995: 599 – 608.

[65] Gandal N. Compatibility, standardization, and network effects: Some policy implications [J]. Oxford Review of Economic Policy. 2002, 18 (1): 80 – 91.

[66] Gandal N. Competing compatibility standards and network externalities in the PC software market [J]. The Review of Economics and Statistics. 1995: 599 – 608.

[67] Gao P. Counter - networks in standardization: a perspective of developing countries [J].

Information Systems Journal. 2007, 17 (4): 391 – 420.

[68] Grajek M. Diffusion of ISO 9000 standards and international trade [J]. WZB, Markets and Political Economy Working Paper No. SP II 16. 2005.

[69] Grajek M. Estimating network effects and compatibility: Evidence from the Polish mobile market [J]. Information Economics and Policy. 2010, 22 (2): 130 – 143.

[70] Hallak J C. Product quality and the direction of trade [J]. Journal of International Economics. 2006, 68 (1): 238 – 265.

[71] Hargreaves I. Digital Opportunity: A Review of Intellectual Property and Growth [J]. An Independent Report. 2011.

[72] Hawkins R. Standards for communication technologies: negotiating institutional biases in network design [J]. Communication by design: The politics of information and communication technologies. 1996: 157 – 186.

[73] Heckman J J. Sample selection bias as a specification error [J]. Econometrica: Journal of the econometric society. 1979: 153 – 161.

[74] Helpman E, Melitz M, Rubinstein Y. Estimating trade flows: Trading partners and trading volumes [J]. The Quarterly Journal of Economics. 2008, 123 (2): 441 – 487.

[75] Hudson J, Jones P. International trade in 'quality goods': signalling problems for developing countries [J]. Journal of International Development. 2003, 15 (8): 999 – 1013.

[76] Hummels D, Klenow P J. The variety and quality of a nation's exports [J]. The American economic review. 2005, 95 (3): 704 – 723.

[77] Janeba E. International trade and consumption network externalities [J]. European Economic Review. 2007, 51 (4): 781 – 803.

[78] Jungmittag A, Blind K, Grupp H. Innovation, Standardisation and the Long-term Production Function: A Cointegration Analysis for Germany 1960—1996 [J]. Zeitschrift für Wirtschafts-und Sozialwissenschaften. 1999, 119 (1999): 205 – 222.

[79] Katz M L, Shapiro C. Product compatibility choice in a market with technological progress [J]. Oxford Economic Papers. 1986a, 38: 146 – 165.

[80] Katz M L, Shapiro C. Technology adoption in the presence of network externalities [J]. The journal of political economy. 1986b: 822 – 841.

[81] Kim J Y, Jung T, Lee N C. Standardization in the Wireless Internet Market: Lessons from Japan and Korea [J]. Pacific Economic Review. 2010, 15 (5): 620 – 636.

[82] Kim S J, Reinert K A. Standards and Institutional Capacity: An examination of trade in food

and agricultural products [J]. The International Trade Journal. 2009, 23 (1): 54 – 77.

[83] Kim S, Shin E. A longitudinal analysis of globalization and regionalization in international trade: A social network approach [J]. Social Forces. 2002, 81 (2): 445 – 468.

[84] Klimenko M M. Policies and international trade agreements on technical compatibility for industries with network externalities [J]. Journal of International Economics. 2009a, 77 (2): 151 – 166.

[85] Klimenko M M. Strategic interoperability standards and trade taxes [J]. International Review of Economics & Finance. 2009b, 18 (4): 539 – 551.

[86] Klimenko M, Saggi K. Technical compatibility and the mode of foreign entry with network externalities [J]. Canadian Journal of Economics/Revue canadienne d'économique. 2007, 40 (1): 176 – 206.

[87] Krugman P. Scale economies, product differentiation, and the pattern of trade [J]. The American Economic Review. 1980: 950 – 959.

[88] Lai E L, Qiu L D. The North's intellectual property rights standard for the South? [J]. Journal of International Economics. 2003, 59 (1): 183 – 209.

[89] Lambsdorff J G. The institutional economics of corruption and reform: theory, evidence and policy [M]. Cambridge University Press, 2007.

[90] Lea G, Hall P. Standards and intellectual property rights: an economic and legal perspective [J]. Information Economics and Policy. 2004, 16 (1): 67 – 89.

[91] Lee H, Oh S. The political economy of standards setting by newcomers: China's WAPI and South Korea's WIPI [J]. Telecommunications Policy. 2008, 32 (9 – 10): 662 – 671.

[92] Lee H, Oh S. A standards war waged by a developing country: Understanding international standard setting from the actor-network perspective [J]. The Journal of Strategic Information Systems. 2006, 15 (3): 177 – 195.

[93] Lee K, Guttenberg N, Mccrary V. Standardization aspects of eBook content formats [J]. Computer Standards & Interfaces. 2002, 24 (3): 227 – 239.

[94] Leenders R T A, Van Engelen J M, Kratzer J. Virtuality, communication, and new product team creativity: a social network perspective [J]. Journal of Engineering and Technology Management. 2003, 20 (1): 69 – 92.

[95] Leland H E. Quacks, lemons, and licensing: A theory of minimum quality standards [J]. The Journal of Political Economy. 1979: 1328 – 1346.

[96] Lemley M A, Mcgowan D. Legal implications of network economic effects [J]. California

Law Review. 1998: 479 - 611.

[97] Lewer J J, Van den Berg H. Estimating the institutional and network effects of religious cultures on international trade [J]. Kyklos. 2007, 60 (2): 255 - 277.

[98] Liu C Z, Gal-Or E, Kemerer C F, et al. Compatibility and Proprietary Standards: The Impact of Conversion Technologies in IT Markets with Network Effects [J]. Information Systems Research. 2011, 22 (1): 188 - 207.

[99] Mahutga M C. The persistence of structural inequality? A network analysis of international trade, 1965 - 2000 [J]. Social Forces. 2006, 84 (4): 1863 - 1889.

[100] Mangelsdorf A. The role of technical standards for trade between China and the European Union [J]. Technology Analysis & Strategic Management. 2011, 23 (7): 725 - 743.

[101] Mangelsdorf A, Portugal-Perez A, Wilson J S. Food standards and exports: evidence from China [J]. World Bank Policy Research Working Paper, No. 5976. 2012.

[102] Matutes C, Regibeau P. A Selective Review of the Economics of Standardization. Entry Deterrence, Technological Progress and International Competition [J]. European Journal of Political Economy. 1996, 12 (2): 183 - 209.

[103] Melitz M. The impact of trade on aggregate industry productivity and intra-industry reallocations [J]. Econometrica. 2003, 71 (6): 1695 - 1725.

[104] Melo J, Portugal-Perez A. Rules of Origin, Preferences and Diversification in Apparel: African Exports to the US and to the EU [J]. CEPR Discussion Papers, No. DP7072.

[105] Michalek J J, Hagemejer J, Roshal V, et al. Comparative analysis of importance of technical barriers to trade (TBT) for Central and Eastern European Countries' and Mediterranean Partner Countries' exports to the EU [J]. FEMISE Research Programme. 2005 (22 - 03).

[106] Moenius J. Information versus product adaptation: The role of standards in trade [J]. International Business and Markets Research Center Working Paper, Kellogg School of Management Working Paper, Northestern University, Evanston. 2004.

[107] Moenius J. The Good, the Bad and the Ambiguous: Standards and Trade in Agricultural Products [J]. IATRC Summer Symposium. 2006a: 28 - 30.

[108] Moenius J. Do National Standards Hinder or Promote Trade in Electrical Products [J]. Commended Paper, IEC Centenary Challenge, http://www. iecchallenge. org/papers. 2006b.

[109] Moenius J. Three essays on trade barriers and trade volumes [D]. University of California,

San Diego, 1999.

[110] Morell J A. Standards and the market acceptance of information technology: an exploration of relationships [J]. Computer standards & interfaces. 1994, 16 (4): 321 – 329.

[111] Nash Jr, J F. The Bargaining Problem [J]. Econometrica: Journal of the Econometric Society. 1950: 155 – 162.

[112] OECD. Environmental Data-Compendium 1985 [J]. Paris: Organization for Economic Cooperation and Development. 1985.

[113] OECD. Environmental Data-Compendium 1993 [J]. Paris: Organization for Economic Cooperation and Development. 1993.

[114] OECD. Environmental Data-Compendium 1994 [J]. Paris: Organization for Economic Cooperation and Development. 1994.

[115] Ohashi H. The role of network effects in the US VCR market, 1978 – 1986 [J]. Journal of Economics & Management Strategy. 2003, 12 (4): 447 – 494.

[116] Pesaran M H. General Diagnostic Tests for Cross Section Dependence in Panels [J]. Cambridge Working Papers in Economics, No. 0435, Faculty of Economics, University of Cambridge, UK. 2004.

[117] Pierce J R, Schott P K. A concordance between ten-digit US Harmonized System Codes and SIC/NAICS product classes and industries [J]. NBER Working Paper, No. 15548. 2009.

[118] Portugal Perez A, Reyes J D, Wilson J S. Beyond the Information Technology Agreement: Harmonization of Standards and Trade in Electronics [J]. The World Economy. 2010, 33 (12): 1870 – 1897.

[119] Potts J, Cunningham S, Hartley J, et al. Social network markets: a new definition of the creative industries [J]. Journal of Cultural Economics. 2008, 32 (3): 167 – 185.

[120] Rauch J E. Networks Versus Markets in International Trade [J]. Journal of International Economics. 1999, 48 (1): 7 – 35.

[121] Rauch J E. Business and social networks in international trade [J]. Journal of economic literature. 2001: 1177 – 1203.

[122] Rauch J E, Trindade V. Ethnic Chinese networks in international trade [J]. Review of Economics and Statistics. 2002, 84 (1): 116 – 130.

[123] Rauch J E, Watson J. Network intermediaries in international trade [J]. Journal of Economics & Management Strategy. 2004, 13 (1): 69 – 93.

[124] Redding S J. Theories of heterogeneous firms and trade [J]. NBER Working

Paper, No. 16562. 2010.

[125] Reyes D. International harmonization of product standards and firm heterogeneity in international trade [J]. Policy Research Working Paper Series, No. 5677, World Bank, Washington, DC. 2011.

[126] Reyes J D. Trade liberalization and the role of Non-tariffs Barriers to International Trade [D]. 2010.

[127] Sanchez G, Alzúa M L, Butler I. Impact of Technical Barriers to Trade on Argentine Exports and Labor Markets [J]. CEDLAS, Working Papers, No. 79. 2008.

[128] Shankar V, Bayus B L. Network effects and competition: An empirical analysis of the home video game industry [J]. Strategic Management Journal. 2002, 24 (4): 375 – 384.

[129] Shepherd B. Product Standards, Harmonization, and Trade: Evidence from the Extensive Margin [J]. Policy Research Working Papers, No. 4390, World Bank, Washington, DC. 2007.

[130] Shy O. A Short Survey of Network Economics [J]. Review of Industrial Organization. 2011, 38 (2): 119 – 149.

[131] Stango V. The Economics of Standards Wars [J]. Review of Network Economics. 2004, 3 (1).

[132] Suppan S. International Standards for Trade in Nano-coated Produce? [M]. Institute for Agriculture and Trade Policy, 2012.

[133] Swann G P. The economics of standardization: An update [J]. Report for the UK Department of Business, Innovation and Skills (BIS) Complete Draft Version. 2010, 2.

[134] Swann G. International Standards and Trade [J]. A Review of the Empirical Literature. OECD Trade Policy Working Papers, 97. 2010.

[135] Swann P, Temple P, Shurmer M. Standards and trade performance: the UK experience [J]. The Economic Journal. 1996: 1297 – 1313.

[136] Swanson D G, Baumol W J. Reasonable and Nondiscriminatory (RAND) Royalties, Standards Selection, and Control of Market Power [J]. Antitrust Law Journal. 2005: 1 – 58.

[137] Sykes A O. Product standards for internationally integrated goods markets [M]. Brookings Institution Press, 1995.

[138] Tobey J A. The effects of domestic environmental policies on patterns of world trade: an empirical test [J]. Kyklos. 1990, 43 (2): 191 – 209.

［139］Van Beers C, Van Den Bergh J C J M. An Empirical Multi － Country Analysis of the Impact of Environmental Regulations on Foreign Trade Flows ［J］. Kyklos. 1997, 50（1）: 29 － 46.

［140］Vancauteren M, Weiserbs D. Intra-European Trade of Manufacturing Goods: An Extension of the Gravity Model ［J］. Articles of International Econometric Review （IER）. 2011, 3（1）: 1 － 24.

［141］Verspagen B, Wakelin K. Trade and Technology from a Schumpeterian Perspective ［J］. International Review of Applied Economics. 1997, 11（2）: 181 － 194.

［142］Wilson J S, Tsunehiro O, Sewadeh M. Dirty exports and environmental regulation: do standards matter to trade? ［M］. World Bank Publications. 2002.

［143］Wooldridge J M. Econometric Analysis of Cross Section and Panel Data ［J］. MIT Press Books. 2003, 1.

［144］World Bank. World Bank technical barriers to trade survey ［R］. 2004.

［145］W T O. Trade and public policies: A closer look at non-tariff measures in the 21st century ［J］. World Trade Report 2012（Geneva: WTO）. 2012.

［146］W T O. World Trade Report 2007 ［J］. World Trade Report 2007（Geneva: WTO）. 2007.

［147］W T O. World Trade Report 2005 ［J］. World Trade Report 2005（Geneva: WTO）. 2005.

［148］W T O. World Trade Report 2011 ［J］. World Trade Report 2011（Geneva: WTO）. 2011.

［149］Yang Lijuan. Do National Standards Impact Foreign Trade? Evidence from China's Foreign Trade and Sino-US Bilateral Trade ［J］. Frontiers of Economics in China, 2013, 8（1）: 114 － 146. 2013.

［150］毕春丽, 潘峰. 信息产业标准与知识产权战略及其对策研究 ［J］. 中国软科学. 2006（8）: 49 － 57.

［151］标准化工作手册编写组. 标准化工作手册（第三版）［M］. 北京: 中国质检出版社, 中国标准出版社, 2011.

［152］布林德, 高鹤, 杜邢晔等. 标准经济学: 理论, 证据与政策 ［M］, 北京: 中国标准出版社, 2006.

［153］常捷. 工业企业标准化 ［M］. 北京: 中央广播电视大学出版社, 1987.

［154］陈建. 国际贸易与劳工标准: 世贸组织焦点问题探讨 ［J］. 国际贸易问题. 2000

（6）：18 – 22.

［155］陈文祥．多品种生产与标准化技术［M］．北京：中国标准出版社，1992.

［156］陈志田，叶柏林．标准化［M］．北京：中国科学技术出版社，1988.

［157］段琼，姜太平．环境标准对国际贸易竞争力的影响——中国工业部门的实证分析［J］．国际贸易问题．2002（12）：49 – 51.

［158］房庆，于欣丽．中国标准化的历史沿革及发展方向［J］．世界标准化与质量管理．2003（003）：4 – 7.

［159］冯根福，李再扬，姚树洁．信息产业标准的形成机制及其效率研究［J］．中国工业经济．2006，1：16 – 24.

［160］郭芳．环境标准对国际贸易的影响［J］．经济师．2004（11）：92.

［161］郭根龙，冯宗宪．国际贸易中的劳工、环境标准之争及发展趋势［J］．当代经济科学．2004（1）：77 – 80.

［162］洪生伟．标准化管理［M］．北京：中国计量出版社，1997.

［163］洪生伟．标准化管理（第6版）［M］．北京：中国质检出版社，中国标准出版社，2012.

［164］侯俊军．标准化与中国对外贸易发展研究：博士学位论文［D］．2009.

［165］侯俊军，李田田，王耀中．标准对湖南省经济增长影响的实证研究［J］．经济地理．2009，29（009）：1464 – 1468.

［166］侯俊军，马喜燕．标准对中日双边贸易规模的影响研究［J］．亚太经济．2009（006）：38 – 42.

［167］侯俊军，万欣．标准化与产业内贸易——基于中国机械行业的面板协整分析［J］．标准科学．2009（009）：19 – 24.

［168］侯俊军，张冬梅．我国标准化与价格贸易条件的实证研究［J］．国际贸易问题．2009（007）：21 – 25.

［169］黄纯纯．网络产业组织理论的历史，发展和局限［J］．经济研究．2011（4）：147 – 160.

［170］蒋传海．网络效应，转移成本和竞争性价格歧视［J］．经济研究．2010（9）：55 – 66.

［171］匡兵．标准化战略的理论与实践研究［M］．武汉：武汉大学出版社，2011.

［172］李春田．标准化到了发生跳跃的时候［J］．中国标准化．2005，8：l21.

［173］李春田．标准化概论（第5版）［M］．北京：中国人民大学出版社，2009.

［174］梁小珍，陆凤彬，李大伟等．工程建设标准对我国经济增长影响的实证研究——基

于协整理论，Granger 因果检验和岭回归 [J]. 系统工程理论与实践 . 2010（005）：841 – 847.

[175] 刘冰，侯俊军 . 轻工行业标准，出口与经济增长关系的实证分析 [J]. 国际经贸探索 . 2008，24（9）：15 – 19.

[176] 刘青春等 . 美国 英国 德国 日本和俄罗斯标准化概论 [M]. 北京：中国标准出版社，2012.

[177] 吕铁 . 论技术标准化与产业标准战略 [J]. 中国工业经济 . 2005，7：43 – 49.

[178] 马凌远 . ISO9000 是一种新形式的保护主义吗？——基于中国出口贸易的实证研究 [J]. 当代经济管理 . 2011（3）：71 – 76.

[179] 毛丰付 . 标准竞争与竞争政策：以 ICT 产业为例 [M]. 上海：上海三联书店，2007.

[180] 强永昌 . 环境标准的经济效应与国际贸易 [J]. 经济学动态 . 2002（7）：27 – 30.

[181] 裘涵 . 技术标准化研究新论 [M]. 上海：上海交通大学出版社，2011.

[182] 桑德斯 . 标准化的目的与原理 [M]. 北京：科学技术文献出版社，1974.

[183] 上海市标准化研究院等 . 标准化实用教程 [M]. 北京：中国质检出版社，中国标准出版社，2011.

[184] 松浦四郎 . 工业标准化原理 [M]. 北京：技术标准出版社，1981.

[185] 苏世芬 . 浅析环境标准与我国农产品出口贸易 [J]. 贵州社会科学 . 2005（6）：20 – 22.

[186] 孙莹，张旭昆 . ISO9000 标准贸易效应的实证研究 [J]. 经济问题 . 2011（10）：71 – 76.

[187] 王征 . 标准化基础概论 [M]. 北京：技术标准出版社，1981.

[188] 魏尔曼 . 标准化是一门新学科 [M]. 北京：科学技术文献出版社，1980.

[189] 吴磊，胡婷 . 环境标准对我国出口贸易影响的实证研究 [J]. 价值工程 . 2004（3）：4 – 6.

[190] 谢伟 . 标准竞争的特点和信息产业 [J]. 软科学 . 2004，18（4）：9 – 12.

[191] 熊明华 . ISO9000 质量体系认证对华东地区出口贸易影响的实证分析 [J]. 国际贸易问题 . 2004（10）：17 – 19.

[192] 徐生强，郭亭亭，徐成 . 实施 ISO14000 环境标准 突破国际贸易绿色壁垒 [J]. 中国标准化 . 2003（5）：27 – 29.

[193] 杨丽娟 . 国家标准、国际标准与中国对外贸易发展 [J]. 亚太经济 . 2012（3）：48 – 52.

[194] 杨丽娟 . 标准对中国出口增长的影响 [J]. 广东商学院学报 . 2012，125（06）：20 –

27.

［195］杨丽娟．网络视角的标准竞争与标准化策略［J］．标准科学．2012，462（11）：16 –
19.

［196］杨丽娟．技术标准对中美双边贸易的影响——基于 ICS 分类的实证研究［J］．国际
经贸探索．2013（02）：4 – 11.

［197］杨少华，李再扬．信息产业技术标准化的理论分析框架及其政策含义［J］．情报杂
志．2011，30（9）：89 – 95.

［198］叶柏林，陈志田．标准化［J］．中国科学技术出版社．1988.

［199］于欣丽．标准化与经济增长：理论，实证与案例［M］．北京：中国标准出版
社，2008.

［200］张大伟，杨丽娟．电子书标准化中的政府角色与"后发国策略"［J］．新闻大学．
2011（4）：141 – 144.

［201］张克宁．劳工标准：贸易保护主义的新威胁［J］．国际贸易．1995，5：19.

［202］张友明．标准化综合贡献的科学评估方法［M］．上海：复旦大学出版社，2009.

［203］中国标准化研究院．2010 国际标准化发展研究报告［M］．北京：中国质检出版社，
中国标准出版社，2011.

［204］中国标准化研究院．2011 中国标准化发展研究报告［M］．北京：中国质检出版社，
中国标准出版社．2012.

［205］朱卫平，张宝友，黄祖庆等．ISO9000 认证对我国进出口贸易影响的实证研究［J］．
上海经济研究．2012（6）：98 – 107.

后　记

　　博士三年，我开始体会到学术研究的快乐与沉重。尽管离理想的目标还很遥远，但除去时常扰乱内心平静的各种疑惑、犹豫和无知，这段时间是我进步最快的阶段。感谢恩师尹翔硕教授的指导、鼓励和点拨，使我有勇气坚持思考和完成写作。恩师品行高尚，治学严谨、勤勉，不仅引领、指导我走上规范、严肃的经济学研究之路，更是我为人、做事的人生楷模。

　　感谢复旦大学经济学院所有老师的教导和提供的良好学术氛围，特别感谢各位老师对于毕业论文开题、框架、研究方法以及内容的指导与建设性意见。衷心感谢我的硕士导师——兰州大学经济学院院长高新才教授对我读博的帮助和支持，使我能够集中精力、专心学习。还要感谢我的好朋友和同学们，他们给了我很多帮助、支持和建议，陪伴我走过人生中的又一个重要阶段。

　　感谢多年来一直默默支持我前行，奉献无尽关爱的父母。他们的善良、勇敢、爱护和宽容永远是激励我前进的精神支柱和不懈动力。感谢宝贝女儿，凝望小天使天真可爱的笑靥和清澈的双眸，总是让我的心灵更加宁静，更加喜悦。

　　学术生涯才刚刚开始，我将继续努力，快乐前进。

杨丽娟

2013 年 3 月 17 日于复旦文图